Labrador Retriever

Uschi Birr

Labrador Retriever

Auswahl · Haltung · Erziehung · Pflege

FALKEN

Inhalt

Wichtiges auf einen Blick

Die Geschichte

Die Herkunft des Labradors

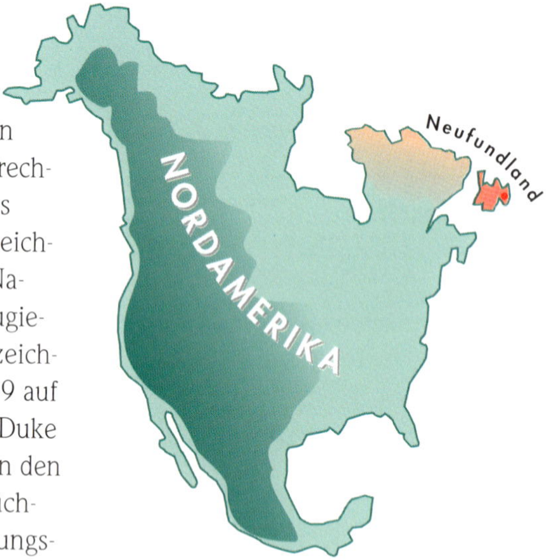

Wer dem Labrador seinen Namen gab und warum der Hund ausgerechnet so getauft wurde, hat sich bis heute nicht klären lassen. Die gleichnamige Halbinsel erhielt ihren Namen im Jahr 1501 von den Portugiesen. Der erste als „Labrador“ bezeichnete Hund tauchte aber erst 1839 auf und war im Besitz des Züchters Duke of Buccleuch. Dieser Duke trug in den Jahren darauf durch intensive Züchtung mit zum heutigen Erscheinungsbild des Labradors bei. Denn die Labradorhunde aus der Mitte des vorigen Jahrhunderts waren bei weitem noch keine eigene Rasse – sie sahen einander denkbar unähnlich.
Lediglich eines hatten sie gemeinsam – sie kamen allesamt aus Neufundland, der Insel nördlich des St.-Lorenz-Golfes. Als die Engländer, Ende des 16. Jahrhunderts, die Insel besetzten, lebten dort bereits Hunde, die die Fischer in ihren Booten begleiteten, selbst nach Fischen tauchten und Schleppnetze an Land zogen. Die englischen Fischer machten zwei Hundetypen aus. Zum einen schwere, große, langhaarige Hunde, die zum Schleppen der Boote und der Netze eingesetzt wurden und an Land auch Karren zogen; zum anderen kleinere, wendige Hunde mit kurzem, aber sehr dichtem, wasserabstoßendem Fell, die fast ausschließlich für die Wasserarbeit herangezogen wurden.

Beide Variationen waren hauptsächlich schwarz. Das eisige Wasser (auf Neufundland herrschen subarktische Klimaverhältnisse mit einer Jahresdurchschnittstemperatur von nur wenigen Graden über Null) machte diesen „Wasserhunden" nichts aus.
In Großbritannien glaubte man zunächst, daß es sich bei ihnen um „Eingeborenen-Hunde" der auf Neufundland ansässigen Eskimos handelte. Doch obwohl die Herkunft der Neufundlandhunde bis heute nicht geklärt ist, ist diese Vermutung eher unwahrscheinlich. Alle nordischen Hunde zeichnen sich nämlich durch ihre Stehohren und dem über dem Rücken getragenen Ringelschwanz aus. Die Wasserhunde dagegen hatten Hängeohren und eine gerade nach unter getragene Rute. Wahrscheinlicher ist die Hypothese, daß die Engländer selbst einige Schiffshunde dort gelassen haben und sie ein paar Jahrzehnte später „wiederentdeckten". Möglicherweise haben aber auch die Portugiesen, die vom 16. bis Mitte des 18. Jahrhunderts Herren auf Neufundland waren, ihre Hunde mitgebracht.

England entdeckt den Hund aus Übersee

Zunächst waren es nur einzelne Hunde beider Schläge, die Seeleute auf die britische Insel mitbrachten. Erst im 19. Jahrhundert „importierten" die Kabeljaufischer regelmäßig Wasserhunde aus Neufundland in die Heimat.
Diese Neufundlandhunde wurden in England schnell beliebt. Die großen schweren, langhaarigen nannte man „Newfoundland dogs", also Neufundländer. Der kleinere kurzhaarige Typ wurde St.-Johns-Hund getauft, nach der auf Neufundland errichteten englischen Siedlung St. John. Er gilt als der Urahn des heutigen Labradors.
Im rauhen Klima des Hochlandes von England und Schottland erwies er sich als fantastischer Begleiter bei der Jagd auf Wassergeflügel. Seine untrügliche Nase führte ihn sicher durch Moor und Buschwerk zu den Ruheplätzen von Raufußhuhn und Ente. Auch die abgeschossenen Tiere spürte er zielsicher auf und brachte sie zu „seinem" Menschen. Zwar gab es in Großbritannien schon längst solche Retrieverhunde (to retrieve bedeutet zurückbringen), doch sie besaßen unerwünschte Eigenschaften: Sie packten zu hart zu, wenn sie das

Sein „weiches" Maul macht den Labrador zum exzellenten Apportierhund

geschossene Wild aufnahmen oder waren nur mit Gewalt zum Herausrücken ihrer Beute zu bewegen. Der sanftmütige und doch so robuste Hund der Eisinseln dagegen apportierte nicht nur sicher, sondern auch mit „Gefühl".

Bis gegen Ende des 19. Jahrhunderts fanden Tausende der kleinen Neufundlandhunde in Großbritannien eine neue Heimat. Dann brach der Import jäh ab. Zwei Gesetze – das Quarantänegesetz, das den Import aller Säugetiere nach Großbritannien untersagte, und ein Steuererlaß für Hündinnen auf Neufundland – brachten die Zucht in Neufundland zum Erliegen. Die Engländer waren fortan gezwungen, mit den bereits importierten Hunden selbst zu züchten: Noch vor der Jahrhundertwende erfolgten die ersten Eintragungen ins Stammbuch des britischen Kennel-Club (Nationale Hundezuchtorganisation, vergleichbar dem Verband für das Deutsche Hundewesen e. V. in Deutschland). Allerdings wurden bis 1916 alle Retriever noch in einen Topf geworfen, und Paarungen der einzelnen Retrievertypen untereinander waren erlaubt.

Seit 1916 sind die Labrador Retriever als eigene Rasse registriert. Im gleichen Jahr erstellte der neugegründete Labrador-Club den ersten Standard, und bereits zwei Jahre später war der – fast ausschließlich schwarze – Labrador der populärste britische Jagdhund.

In den Würfen der Züchter kamen allerdings von Anfang an neben den schwarzen Welpen auch gelbe und braune zur Welt. Doch weil der „Original-Labrador" lange Jahre schwarz zu sein hatte, züchtete niemand mit den andersfarbigen Hunden. Erst als die Labradore – nach der Clubgründung – nicht nur in den sogenannten Trials (Jagdhundewettbewerbe), sondern auch auf Ausstellungen gezeigt wurden, kamen die seltenen gelben beim Publikum so gut an, daß sie bald populärer wurden als die dunklen. In

den 30er Jahren gab es dann auch die ersten braunen (schokofarbenen) Labradore zu sehen. Zu Beginn des Zweiten Weltkrieges waren in Großbritannien schließlich alle drei Farben gleichermaßen bekannt und beliebt. Während die Jäger bis heute die braune oder schwarze Variante als „Mitarbeiter" bevorzugen, ist der klassische Familienlabrador gelb.

Labrador Retriever sind stets einfarbig (gelb, schwarz oder schokofarben), auch wenn die Elterntiere nicht beide die gleiche Fellfarbe haben. Mischfarben oder Flecken kommen nicht vor

Kleines Rasseportrait

Äußeres Erscheinungsbild

Erscheinungsbild und Wesensmerkmale des Labradors sind in einem international anerkannten Rassestandard festgelegt. Faßt man diesen zusammen, so hat der ideale Labrador folgendes Aussehen: Er ist – mit einer **Schulterhöhe** von 54–57 cm – ein mittelgroßer Hund mit einem **breiten Schädel,** der sich zur Schnauze hin nur leicht verjüngt. Das Auffallendste am Kopf ist die große, breite Nase. Die **Augen** sind nur mittelgroß und braun oder haselnußfarben, zeigen aber immer den charakteristischen aufmerksamen Blick. Der kraftvolle **Kiefer** hat genug Platz für das vollständige Scherengebiß (beim Scherengebiß greift die obere Schneidezahnreihe ohne Zwischenraum über die untere; die Zähne stehen senkrecht im Kiefer) mit 42 kräftigen Zähnen. Die **Ohren** des Labradors liegen dicht am Kopf an und sind hoch und ziemlich weit hinten angesetzt.

Das kurze dichte Fell, der kompakte Körperbau, der relativ breite Schädel und der stets wache Blick sind die Hauptmerkmale des Labradors

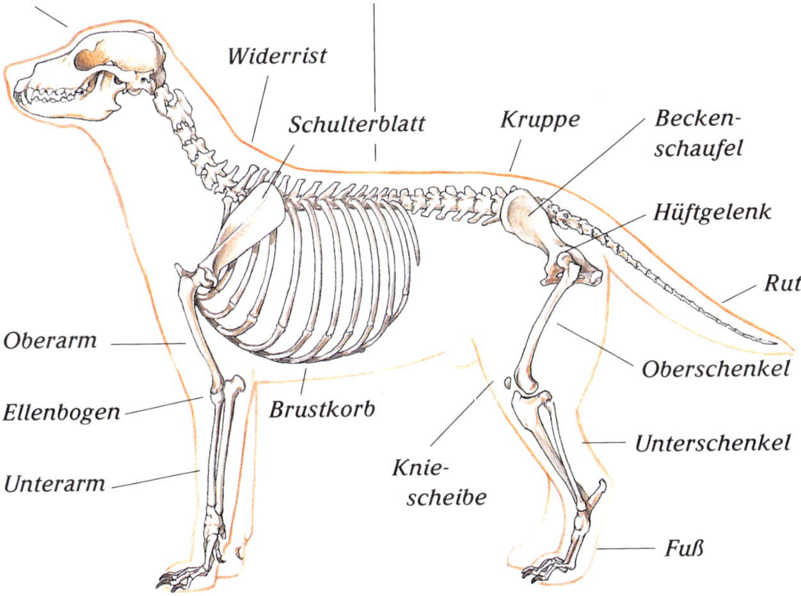

Der mächtige **Hals** darf keine „Wamme" zeigen, sondern die Haut muß straff anliegen. Der Hals geht in lange, schrägliegende Schulterblätter über.
Die stämmigen **Vorderläufe** stehen gerade auf dem Boden und bilden, zusammen mit der breiten, tiefen Brust und dem stark gewölbten faßförmigen Rippenkorb, das vordere Kraftzentrum dieses Hundes. Die **Rückenlinie** ist gerade, nicht zur Rute hin abfallend wie z. B. beim Deutschen Schäferhund. Die **Rute** ist am Ansatz sehr dick, verjüngt sich zur Spitze hin und ist mit kurzem, aber sehr dichtem Fell bedeckt.
Das ganze **Gebäude** des Labradors weist auf den ausdauernden Arbeiter hin, der sich mit nicht zu schnellen, dafür aber großen, ausgreifenden Schritten vorwärtsbewegt.
Sein **Fell** – kurz, dicht und glatt, mit wetterbeständiger Unterwolle und hartem Deckhaar ohne seidige längere Haare – macht den Labrador zum Allwetterhund, der weder Bürste noch Bad braucht.

Sein freundliches Naturell, ohne jegliche Anzeichen von Aggressivität, machen den Labrador zum idealen Familienhund

Charakter und Wesensmerkmale

Daß der auf den ersten Blick eher unscheinbar wirkende Labrador trotzdem weltweit so populär geworden ist, verdankt er seinen einzigartigen Charaktereigenschaften: Auch im größten Chaos verliert er niemals seinen unerschütterlichen Gleichmut. Er ist ein anpassungsfähiger und hingebungsvoller Begleiter.

Wo seine Talente zum Einsatz kommen

Die vielseitigen Qualitäten dieses Allroundhundes erkannten die Europäer schon Anfang dieses Jahrhunderts. Bereits im Ersten Weltkrieg rekrutierte die Armee bei Adel und Jägern einige Labradore als Kriegshunde. Sie mußten Meldungen überbringen, Medikamente transportieren und nach Verschütteten suchen.
Seine Nervenstärke und Belastbarkeit erkannten auch die Ausbilder der ersten Blindenhunde. Heute ist jeder zweite Blindenhund ein Labrador. Aber auch für andere Aufgaben erwies sich der lernbegeisterte Allroundhund als ideal. Mit seiner fantastischen Nase spürt er Ertrunkene unter Wasser auf und schleppt in Seenot geratene Menschen, die in Panik um sich schlagen, sicher an Land. Nach einem Lawinenunglück, Erdbeben oder anderen Naturkatastrophen wird er zur Suche von Verschütteten eingesetzt.

Bei Polizei und Zoll ist der ausdauernde Hund vor allem in der englischsprachigen Welt der bevorzugte Partner. In den USA und in England erfüllt er darüber hinaus noch seine ursprüngliche Aufgabe als Jagdhelfer bei der Nachsuche von Wassergeflügel.
Lediglich für den Schutzdienst ist der Labrador eher ungeeignet. Zwar wacht er aufmerksam, doch durch die ihm angeborene hohe Reizschwelle und die fehlende Aggressivität läßt er sich kaum zum „scharfen" Schutzhund ausbilden.

Der geduldige und menschenfreundliche Labrador wird häufig als Blindenhund eingesetzt

Auch unter Prominenten – hier Prinz Luitpold von Bayern – ist der Labrador beliebt

Die Verwandtschaft des Labradors

Neben dem Labrador Retriever unterscheidet man heute noch 5 weitere Retrieverrassen, von denen der Golden wohl der bekannteste ist.
Alle Retriever werden von der FCI (s. S. 71) in einer Gruppe zusammengefaßt (Gruppe VIII: Apportier-, Stöber-, Wasserhunde).
Ehemals für die jagdliche Arbeit gezüchtet, werden sie heute erfolgreich als Drogen-, Rettungs- und Blindenführhunde eingesetzt. Auch als Familienhunde werden sie immer beliebter.
In der nachfolgenden Tabelle (s. S. 14–15) werden alle 6 Retrieverrassen kurz vorgestellt.

Labrador Retriever	***Golden Retriever***	***Nova Scotia Duck Tolling Retriever (kurz: Toller)***
Herkunftsland: Großbritannien	**Herkunftsland:** Großbritannien	**Herkunftsland:** Kanada
Erscheinungsbild: *Körperbau:* mittelgroß, kräftig, kompakt, breiter Oberkopf, Brust und Rippenkorb tief und gut gewölbt, „faßförmiger" Rippenkorb *Größe:* Rüden 56–57 cm; Hündinnen 54–56 cm *Haarkleid:* kurz, dicht, fühlt sich ziemlich hart an, wasserabweisende Unterwolle *Farbe:* schwarz, gelb oder leber-/schokofarben	**Erscheinungsbild:** *Körperbau:* mittelgroß, kraftvoll, harmonisch *Größe:* Rüden 56–61 cm; Hündinnen 51–56 cm *Haarkleid:* mittellang, glatt oder leicht gewellt, mit dichter wasserabweisender Unterwolle; gute Befederung *Farbe:* jede Schattierung von gold oder cremefarben, nie rot oder mahagoni	**Erscheinungsbild:** *Körperbau:* mittelgroß, kraftvoll, kompakt, harmonisch *Größe:* Rüden 48–51 cm; Hündinnen 45–48 cm *Haarkleid:* mittellang, weich, auf dem Rücken manchmal leicht gewellt, mit dichter Unterwolle, gute Befederung *Farbe:* verschiedene Schattierungen von Rot oder Orange; i. d. R. mind. 1 weiße Farbmarkierung an Brust, Blesse, Pfoten o. Rutenspitze
Wesen und Charakteristika: Der Labrador hat ein freundliches Wesen, ohne Anzeichen von Aggressivität oder Scheu. Stets aufgeweckt und sehr anpassungsfähig, ist er immer bemüht zu gefallen. Aufgrund seiner feinen Nase und seines weichen Mauls ist er auch ein guter Apportierhund.	**Wesen und Charakteristika:** Der Golden ist ein freundlicher, lebhafter und zutraulicher Hund mit einem ausgeglichenen Wesen. Er hat eine natürliche Anlage zu arbeiten und einen hervorragenden Apportiertrieb. Aufgrund seiner Belastbarkeit und Anpassungsfähigkeit ist er auch ein idealer Familienhund.	**Wesen und Charakteristika:** Der Toller ist ein überaus flinker und wachsamer Hund. Er ist sehr intelligent, gelehrig und hat große Ausdauer. Er besitzt einen ausgeprägten Apportiersinn und ist immer zum Spielen aufgelegt.

Curly Coated Retriever

Herkunftsland:
Großbritannien

Erscheinungsbild:
Körperbau: groß, kräftig, robust und trotzdem elegant
Größe: Rüden 64–68,5 cm; Hündinnen 59–63,5 cm
Haarkleid: dicht, wasserabweisend, mit kleinen, harten Locken (curls)
Farbe: schwarz oder braun (leberfarben)

Wesen und Charakteristika:
Der Curly ist ein feinfühliger und freundlicher Begleiter, Fremden begegnet er etwas zurückhaltend. Er besitzt einen ausgeprägten Wach- und Schutztrieb, ohne aggressiv oder bissig zu sein, ist sehr belastbar. Bei der Jagd arbeitet er gerne selbständig.

Chesapeake Bay Retriever

Herkunftsland:
Amerika

Erscheinungsbild:
Körperbau: mittelgroß, kräftig, ausgewogen, Hinterhand eine Spur höher als Schultern
Größe: Rüden 58–66 cm; Hündinnen 53–61 cm
Haarkleid: dicht, kurz, wasserabweisend, mit dichter feiner, molliger Unterwolle; an Schultern, Hals, Rücken und Lenden leicht gewellt
Farbe: jede Farbe von braun, Binse oder totem Gras ist annehmbar

Wesen und Charakteristika:
Der Chesapeake wird wegen seines aufgeweckten und fröhlichen Wesens geschätzt. Er ist sehr ausdauernd und arbeitet bei der Jagd gerne selbständig. Er ist aber nicht nur ein guter Jagdhund, sondern auch ein mutiger Wach- und Schutzhund für seine Familie.

Flat Coated Retriever

Herkunftsland:
Großbritannien

Erscheinungsbild:
Körperbau: mittelgroß, kräftig, aber sehr elegant, mit im Gegensatz zu den anderen Retrievern sehr schmalem langem Kopf
Größe: Rüden 58–61 cm; Hündinnen 56–59 cm
Haarkleid: lang, glatt, glänzend, Läufe und Rute dicht befedert
Farbe: schwarz oder braun

Wesen und Charakteristika:
Der Flatcoat ist ein freundlicher, lebhafter, aber sensibler Hund. Er ist ein hervorragender Jagdbegleiter, eignet sich aber aufgrund seines toleranten Wesens auch als Familienhund.

Überlegungen vor der Anschaffung

Paßt ein Labrador in Ihr Leben?

Jeder Hund stellt Mindestansprüche an seine Menschen und seine Lebensverhältnisse. Darin macht auch der Labrador keine Ausnahme. Im ersten Jahr müssen Sie dem Junghund zusätzlich zum nötigen Auslauf täglich mehrere Stunden widmen, denn er soll ja erzogen werden. Wenn Sie alleinstehend und berufstätig sind, ist ein so großer anspruchsvoller Hund völlig ungeeignet, auch dann, wenn Sie ihn mit zu Ihrem Arbeitsplatz nehmen dürfen.

Wichtig:
Der Labrador ist weder ein Zwinger- noch ein Bürohund. Er läßt sich (leider) zu beidem mißbrauchen, doch seelisch und auch körperlich verkümmert er dabei. Er braucht beides: Genügend Auslauf, d.h. täglich mindestens zwei Stunden Bewegung, sowie Beschäftigung und eine enge Beziehung zum Menschen.

Dieser Hund paßt nur in Ihr Leben, wenn Sie folgende Fragen mit Ja beantworten können:

- Sind alle Familienmitglieder einverstanden?
- Ist an mindestens 20 Stunden pro Tag jemand zu Hause, der sich um den Hund kümmern kann (kein Hund sollte täglich länger als 4 Stunden allein sein müssen)?
- Sind Sie Gartenbesitzer, oder liegt in Ihrer Nähe ein Park, in dem Hunde sich austoben können?
- Für den Fall, daß Sie zur Miete wohnen: Ist der Vermieter mit Hundehaltung einverstanden?
- Haben Sie hundefreundliche Nachbarn?

◆ Bietet Ihre Wohnung genügend Platz für einen so großen Hund wie den Labrador?
◆ Lassen sich in Ihrer Wohnung Schmutzflecken leicht beseitigen?
◆ Wenn Sie in einem Hochhaus wohnen: Gibt es einen Aufzug, der dem Hund das Treppensteigen erspart?
◆ Sind Sie bereit, bei jedem Wetter täglich mindestens 2 Stunden im Freien zu verbringen?
◆ Können Sie in alle Ihre Wochenenden einen Hund einplanen?
◆ Sind Sie grundsätzlich bereit, einen Hund in Ihre Urlaubspläne miteinzubeziehen?
◆ Sind Sie eine „Wasserratte“ und ein begeisterter Schwimmer?
◆ Sind Sie körperlich und finanziell in der Lage, sich mindestens 10 Jahre um einen großen, starken Hund zu kümmern?
◆ Sind Sie bereit, sich mindestens 1 Jahr lang seiner gründlichen Erziehung zu widmen?
◆ Haben Sie zusätzlich zu den Spaziergängen genügend Zeit für die Pflege des Hundes?

Sie sollten auch die körperlichen Voraussetzungen, die die Haltung eines großen Hundes erfordert, nicht unterschätzen. Ein ausgewachsener Labrador wiegt gut und gern 30 Kilogramm und ist sich seiner Kraft durchaus bewußt. Außerdem können Sie nie ausschließen, daß Sie den Hund auch einmal tragen oder ihn mit Gewalt, durch Ziehen an der Leine, zum Mitgehen zwingen müssen.

Wie hoch ist der finanzielle Aufwand?

Die Kosten, die ein großer Hund verursacht, sind nicht unerheblich. Neben den einmaligen Kosten für die Anschaffung des Tieres und des notwendigen Zubehörs sollten Sie auch die jährlichen Ausgaben, die durch Fütterung, Hundesteuer, Versicherungen, Impfungen, Tierarztkosten im Krankheitsfall etc. entstehen, in Betracht ziehen. Ein großer Hund ist immer teurer als ein kleiner – denken Sie vor dem Kauf daran!

Eine Kennzeichnung des Hundes – hier durch Tätowierung – mit Eintragung in das Haustierregister des Dt. Tierschutzbundes hilft, ihn wiederzufinden, falls er einmal ausreißt, gestohlen wird etc.

Übersicht: Finanzielle Aufwendungen

	einmalig	pro Jahr	pro Monat
Kaufpreis	ca. 2 500 DM		
Grundausstattung	ca. 650 DM		
Hundesteuer		25–276 DM	
Haftpflichtversicherung		ca. 150 DM	
Impfungen		ca. 200 DM	
Krankenversicherung		ca. 300 DM	
Futter			ca. 150 DM

Zusätzliche Kosten ergeben sich z.B., wenn Sie mit Ihrem Hund in einen Verein eintreten, Erziehungskurse belegen oder in eine Hundeschule gehen. Auch die Kennzeichnung des Tieres durch Tätowieren oder elektronische Chip-Codierung und eine mögliche Kastration müssen mit berücksichtigt werden. Schließlich ist die Rasse des Labradors anfällig für die sogenannte Hüftgelenksdysplasie (HD; eine Erkrankung der Hüftgelenke), weshalb viele Halter an ihrem Hund einen HD-Test durchführen lassen, dessen Kosten Sie selbstverständlich auch selbst tragen müssen. Die Hundesteuer ist in Deutschland Pflicht und wird von den Gemeinden und Städten festgelegt. Mit etwas Glück leben Sie in einer Kommune, die nur den Mindestsatz von DM 25,– verlangt.

Die Haftpflichtversicherung ist zwar nicht vorgeschrieben, doch werden Schäden, die der Hund verursacht, nicht von der Familienhaftpflichtversicherung gedeckt. Es empfiehlt sich daher, für Ihren Labrador eine eigene Hundehaftpflichtversicherung abzuschließen.

Ob Sie Ihren Hund krankenversichern, bleibt ebenfalls Ihnen überlassen. Die meisten Versicherungen zahlen nur im Krankheitsfall und

nach Unfällen, nicht aber für Routinevorsorge wie Impfen oder Entwurmen. Auch für die erblichen Krankheiten, die schon bei Versicherungsabschluß bestanden (wie z.B. Hüftgelenksdysplasie) kommen die Krankenversicherungen nicht auf.

Unser Tip

Informieren Sie sich, bevor Sie eine Hundekrankenversicherung abschließen, genau, welche Leistungen sie beinhaltet.

Schließlich sollten Sie auch noch bedenken, daß auf vielen Gehwegen in der Stadt ein Hund nur an der Leine geführt werden darf und Hundehaufen auf Gehwegen mit Geldbußen geahndet werden.

Rüde oder Hündin?

Die Vor- und Nachteile beider Geschlechter lassen sich in wenigen Worten zusammenfassen: Der Rüde ist größer, schwerer und dominanter als die Hündin. Weibliche Tiere sind meistens leichter zu erziehen. Sie werden allerdings zweimal im Jahr läufig und müssen dann rund um die Uhr „bewacht" werden. Rüden neigen hingegen, falls in der Nähe eine läufige Hündin ist, zum Ausbrechen, Streunen, mindestens aber zu Unruhe bis hin zur Futterverweigerung. Die Kastration, die viele Hundebesitzer wählen, um diesen Problemen vorzubeugen, ist bei der Hündin ein aufwendigerer und teurerer Eingriff als beim Rüden (s. auch S. 86ff).

Falls Sie die Möglichkeit haben, zwischen einem Rüden und einer Hündin zu wählen, schauen Sie sich in Ihrer Nachbarschaft um: Wenn dort viele Rüden leben, sollten Sie sich ebenfalls für ein männliches Exemplar entscheiden, um damit von vornherein die Probleme auszuschalten, die die Anschaffung einer Hündin mit Sicherheit nach sich ziehen würde. Umgekehrt ist es sinnvoll, eine Hündin zu nehmen, wenn um Sie herum hauptsächlich weibliche Hunde leben. Beide Geschlechter zeigen bei richtiger Erziehung nur wenig Unterschiede im Verhalten.

Jungtier oder erwachsener Hund?

Die meisten Hundefreunde wünschen sich einen Welpen, um das Heranwachsen ihres Hundes miterleben zu können und noch den größtmöglichen Einfluß auf sein Wesen zu haben. Denn je jünger der Hund bei seinem Einzug in Ihr Zuhause ist, desto schneller paßt er sich Ihrem Alltagsrhythmus an, und desto früher kön-

Ein erwachsener Hund hat in den meisten Fällen die Grundregeln der Erziehung bereits gelernt

nen Sie mit der Grunderziehung beginnen. Meistens geben Züchter ihre Jungtiere ab der achten Lebenswoche ab, dann haben sie die notwendige Selbständigkeit, und die Grundimmunisierung ist abgeschlossen.
Die Vorteile eines halbwüchsigen Hundes, der die Welpenphase schon hinter sich hat, liegen auf der Hand: Er ist bereits stubenrein, hat schon gelernt, an der Leine zu laufen, braucht keine Welpennahrung mehr und hört (wahrscheinlich) auf seinen Namen. Andererseits ist es jetzt schwieriger, etwaige Erziehungsfehler des Vorbesitzers wieder gutzumachen. Auch die Umgewöhnung vom alten ins neue Heim und der Anschluß an die „neuen“ Menschen wird länger dauern.
Wenn Sie sich für einen Hund aus zweiter Hand entscheiden, der mindestens schon 1 Jahr alt ist, können Sie mit etwas Glück einen Hund bekommen, der sich in der Stadt bereits sicher bewegt, die wichtigsten Kommandos versteht und den Alltag mit Menschen kennt. Allerdings kann ein „Second-hand-Hund“ aber auch schon Untugenden haben, die Sie ihm dann wieder abgewöhnen müssen.
Wenn Sie vorhaben, auf Ausstellungen zu gehen oder zu züchten, erkennen Sie bei einem halbwüchsigen

Hund am ehesten, ob er Champion-Chancen hat. Wollen Sie mit Ihrem Hund „arbeiten“, also eine Ausbildung zum Gebrauchs-, Spür-, Fährten-, Rettungshund usw. machen, dann ist ein Welpe besser geeignet, wenn Sie schon Ausbildungserfahrung haben. Sind Sie hingegen noch hundeunerfahren, so lernt ein erwachsener Hund, der bereits eine Grunderziehung genossen hat, zusammen mit Ihnen – unter Anleitung eines erfahrenen Ausbilders – schneller und gründlicher.

Wenn die Entscheidung für den Hund gefallen ist …

Augen auf beim Hundekauf!

Gegen Liebe auf den ersten Blick kann sich niemand wehren, und so treffen immer noch viele Hundefreunde eine spontane Entscheidung für ihren Hund. Die Liebe ermöglicht es ihnen dann zwar glücklicherweise oft, mit den später auftauchenden Schwierigkeiten fertigzuwerden, dennoch ist ein solcher Spontankauf genauso abzulehnen wie ein Kauf aus Mitleid.

Wichtig:
Selbst wenn Sie das Elend von in Kofferräume gepackten Welpen rührt, wenn Sie die glanzlosen Augen der Hundebabys, die in einer Scheune auf Käufer warten, nicht mit ansehen können – denken Sie daran: Mit jedem Kauf kurbeln Sie das Geschäft von Massehundezüchtern und -händlern an. Oft sind solche Welpen bereits durch mehrere Hände gegangen und wurden viel zu früh von ihrer Mutter getrennt. Ihnen fehlt in der Regel der enge Kontakt zum Menschen und damit das für ihre weitere Entwicklung so wichtige Urvertrauen zum Menschen. Zudem sind sie sehr oft in einem äußerst schlechten Gesundheitszustand, und die Gefahr, einen kranken Hund zu bekommen, ist groß.

Auch wenn der Kleine noch so süß dreinschaut, der Hundekauf will gut überlegt sein

Seriöse Züchter können Sie auf Hundeausstellungen kennenlernen. Wo solche Ausstellungen in Ihrer Nähe stattfinden, erfahren Sie bei den Labrador-Clubs (Adressen im Anhang). Schauen Sie sich die ausgestellten und vorgeführten Hunde in Ruhe an, und sprechen Sie mit den Besitzern, deren Tiere Ihnen am besten gefallen. Nicht immer ist ein Aussteller auch Züchter, doch mit Sicherheit kann er Ihnen einen empfehlen.

Unser Tip

Einen Hund, mit dem Sie mindestens die nächsten 10 Jahre teilen, sollten Sie noch viel sorgfältiger auswählen als ein Auto oder eine Wohnung, dann sind die Voraussetzungen optimal, daß beide – der Hund und Sie – glücklich werden.

Wo in nächster Zeit ein Wurf zu erwarten ist bzw. Jungtiere abzugeben sind, darüber können Sie sich auch bei den Welpen-Vermittlungsstellen der Verbände erkundigen. Lassen Sie sich ruhig mehrere Adressen geben. Mit etwas Geduld finden Sie auch in Hundefachzeitschriften und in Tageszeitungen Angebote von Welpen bzw. auch erwachsenen Hunden.

Wichtig:
Vorsicht bei Anzeigen, in denen mehrere Rassen angeboten werden! Hier handelt es sich um Hundehändler oder Massenhundezüchter.

Selten wird ein Labrador im Tierheim landen, dennoch können Sie sich auch dort erkundigen.
Schließlich kann es Ihnen aber auch passieren, daß Sie zunächst überhaupt keinen Welpen finden. Lassen Sie sich dann bitte nicht entmutigen und zu einem Kauf beim Hundehändler hinreißen! Daß es mittlerweile oft mehr Interessenten als Welpen gibt, hat folgenden Grund:

Ein Züchter, dem das Wohl seiner Hunde am Herzen liegt, hat einen engen Kontakt zu allen seinen Tieren

Seriöse Züchter wählen nicht nur die zukünftigen Halter ihrer Labradore sehr sorgfältig aus, sondern setzen auch nur solche Hunde zur Zucht ein, die vorher gründlichen Wesens- und Gesundheitsprüfungen unterzogen werden.
Als Freund dieser Rasse sollten Sie daher die Wartezeit gerne in Kauf nehmen, verhindern die Züchter doch durch ihre Vorgehensweise eine Überzüchtung, wie sie leider immer wieder bei in Mode gekommenen Rassen festzustellen ist.

Wichtig:
Weder ein seriöser Verein noch die besten Empfehlungen in einer Anzeige bieten eine Garantie für gesunde Tiere mit ausgeglichenem Wesen. Davon müssen Sie sich schon selbst überzeugen.

Woran Sie einen seriösen Züchter erkennen

Jeder verantwortungsvoll gezüchtete Labrador hat einen Stammbaum, in dem Eltern, Großeltern und Urgroßeltern verzeichnet sind. Der Stammbaum gibt Auskunft darüber, ob unter den Vorfahren sogenannte Schönheits- oder Leistungschampions sind. Er zeigt auch, ob und in welchem Grad die Elterntiere mit der erblichen Hüftdysplasie belastet sind und für den Fall, daß Sie züchten wollen, welche Farben Ihr Wunschwelpe in seinen Erbanlagen trägt.

Unser Tip

Lassen Sie sich nicht nur die Welpen, sondern auch das Muttertier zeigen. Ein seriöser Züchter nimmt sich Zeit für Sie und prüft Sie genauso wie Sie ihn. Haben Sie sich dann für einen Züchter und vielleicht auch schon für einen bestimmten Hund entschieden, sollten Sie den Wurf bis zum Abgabetermin noch ein paarmal besuchen.

Außer dem Stammbaum erhalten Sie von einem guten Züchter beim Kauf eines Welpen auch den Impfpaß, denn ohne die Grundimmunisierung sollte niemals ein Tier abgegeben werden.
Doch bevor Sie sich einen Welpen aussuchen, sollten Sie sich, wenn möglich, auf jeden Fall bei verschiedenen Züchtern zu einem Informationsbesuch anmelden und mehrere Würfe besichtigen.

So sieht eine vorbildliche Hundekinderstube aus: eine geräumige, gut gepolsterte und mit kochfesten Laken ausgelegte Holzkiste

Fragen Sie, wenn Ihnen etwas unklar ist. Ein guter Züchter wird Ihnen geduldig antworten und nichts dagegen haben, wenn Sie sich nicht sofort, sondern erst nach mehreren Visiten entscheiden. Folgende Kriterien geben Ihnen darüber Auskunft, ob es sich lediglich um einen „Hunde-Vermehrer" oder einen verantwortungsvollen Züchter handelt:

◆ Befindet sich in der Nähe der Wurfkiste eine Sitz-/Liegegelegenheit für Menschen?

◆ Ist der Wurfraum sauber und riecht er angenehm?

◆ Macht die Mutterhündin einen gesunden, zufriedenen Eindruck?

◆ Registrieren die Welpen Ihren Eintritt neugierig, ohne Scheu oder Aggressivität zu zeigen?

◆ Begrüßen Mutter und Hundebabys den Züchter?

◆ Kann der Züchter zu jedem der Welpen und zur Mutter Auskünfte über Besonderheiten im Wesen und Verhalten geben?

◆ Kann er die Welpen auf den Arm nehmen, ohne daß die Mutter droht?

Je mehr dieser Fragen Sie mit Ja beantworten können, um so sicherer können Sie sein, daß Sie einen seriösen Züchter vor sich haben, der engen Kontakt zur Mutterhündin und zu ihren Jungen hat. Wenn der Züchter Sie bittet, die Kleinen nicht zu streicheln oder aus der Wurfkiste zu nehmen, dann aus Vorsicht, denn die Welpen könnten sich infizieren.

Die Auswahl des Welpen

Sagen Sie dem Züchter möglichst früh, ob Sie mit Ihrem Labrador Ausstellungen besuchen möchten, ihn zum Gebrauchshund ausbilden wollen oder ob Sie „nur" einen Familienhund suchen, denn die Welpen zeigen schon sehr früh ihre charakterlichen Anlagen. Aus dem verhaltensten im Wurf wird später ein eher ruhiger Hund werden, während ein Welpe, der auf Sie zustürmt und neugierig Ihre Beine beschnuppert oder Ihr Schuhband aufzerrt, Sie sicher auch später auf Trab halten wird. Freundlich und neugierig sollten aber alle Welpen sein.

Im Spiel mit den Geschwistern zeigen die Welpen schon sehr früh ihre charakterlichen Anlagen

Ein Hund aus zweiter Hand

Aus der Sicht des Tierschutzes ist es sehr lobenswert, wenn Sie einem halbwüchsigen oder bereits erwachsenen Hund ein neues Zuhause geben möchten. Einen Hund aus zweiter Hand finden Sie über Inserate in Tageszeitungen, Anzeigenblättern oder Hundezeitschriften, eventuell auch über TV-Vermittlungen oder im Tierheim.

Allerdings sollten Sie bedenken, daß ein solches Tier bereits von seiner Umwelt geprägt ist und bestimmte Verhaltensweisen zeigt. Um nicht später unangenehm überrascht zu sein, sollten Sie sich bemühen, vorab so viel wie möglich über den Hund zu erfahren. Lassen Sie sich vom Vorbesitzer oder dem jetzigen Pfleger ausführlich den bisherigen Lebenslauf, die charakterlichen Stärken und Schwächen, den Gesundheitszustand sowie die Gründe, warum der Hund abzugeben ist, schildern. Gehen Sie mit der jetzigen Bezugsperson und dem Labrador spazieren, damit Sie ihn in seiner Umwelt erleben, beim Laufen an der Leine und ohne Leine, bei der Begegnung mit Artgenossen, beim Passieren von Menschen usw. So erfahren Sie viel über seine Erziehung und seinen Charakter.

Der neue Hund zieht ein

Was ist vorab zu tun?

Für den Fall, daß Sie sich für ein Hundebaby entschieden haben, sollten Sie Ihre Wohnung vor dem Einzug des kleinen Vierbeiners „welpensicher“ machen, d.h., Grünpflanzen vorübergehend hochstellen, alle Steckdosen mit Kindersicherungen versehen usw.
Auch sollte der Hund möglichst vom ersten Tag an seinen festen Platz im Auto und einen konstanten Futter- und Schlafplatz im Haus vorfinden. Je weniger er sich gerade am Anfang in der noch ungewohnten Umgebung umstellen muß, um so schneller lebt er sich ein. Klären Sie deshalb die nachfolgenden Fragen vor dem Einzug des neuen Hausgenossen:

- Wo ist der künftige Platz des Hundes im Auto: vor dem Beifahrersitz, im Fond des Wagens oder in der Gepäckablage des Caravans?
- Wo soll er schlafen: im Schlafzimmer, im Flur usw.?
- Wo wird sein Futterplatz sein: in der Küche, im Keller, in welcher Ecke des Raumes?

Auch das richtige Zubehör für den Hund sollten Sie bereits haben, bevor er einzieht (s. Checkliste S. 30).

Der Schlafplatz im neuen Zuhause sollte vom ersten Tag an feststehen

Schlafplatz und Futternäpfe

Als Ruheplatz kommt ein geräumiger, geflochtener Korb oder eine waschbare Hundedecke in Frage. Der Handel hält hier eine große Auswahl bereit. Beim Kauf von Futter- und Wasserschüsseln sollten Sie darauf achten, daß der kräftige Labrador die Näpfe nicht umwerfen kann. Besorgen Sie also entweder eine rutschfeste Unterlage für die Schüsseln, oder kaufen

Aluschüsseln sind zwar gut zu reinigen, werden aber auch gerne spazierengetragen, weil sie so leicht sind

Sie schwere Gefäße. Plastikschüsseln sind für Junghunde besonders ungeeignet, weil die Kleinen gern daran knabbern und dann die Gefahr besteht, daß sie kleine Kunststoffteile verschlucken.

Unser Tip

Die Näpfe sollten einen Mindestdurchmesser von 15 cm haben, damit die breite Labradorschnauze jeden Winkel ohne Schwierigkeiten erreichen kann.

Halsband und Leine

Nach Absprache mit dem Vorbesitzer oder Züchter sollten Sie auch Halsband und Leine vorab besorgen. Für den Welpen sind weiche Lederhalsbänder (ca. 50 cm Länge) am günstigsten, für den erwachsenen Hund eignet sich ein Metallgliederhalsband. Achten Sie bei der Leine auf einen sicheren Verschlußhaken zum Halsband und einen ebenso sicher vernähten Griff. Die Leinenlänge hängt von Ihrer Größe ab. Die Leine sollte, wenn der Hund neben Ihren Füßen steht, durchhängen, auch wenn Sie den Ellbogen angewinkelt haben. Auf diese Weise hat der Hund genügend Spielraum nach vorn, hinten und zur Seite. Überlange Leinen sind im Alltag sehr unpraktisch, weil Sie sie nur selten am Griff fassen. Wenn der Hund plötzlich zieht und Ihnen die Leine durch die Finger rutscht, kann das sehr schmerzhaft sein.
Gut zu handhaben sind die automatischen Roll-Leinen, die sich in der Länge nach Wunsch variieren und sich bei Bedarf auch feststellen lassen. Diese Automatikleinen ersparen Ihnen die Erziehungsleine, die Sie andernfalls auch kaufen sollten (3 bis 7 m lang).

Checkliste **Grundausstattung**

- *Hundekorb oder Hundedecke*
- *Stabile Futter- und Wassernäpfe*
- *Halsband (am besten ein 50 cm langes Lederhalsband)*
- *Leine*
- *Futtervorrat*
- *geeignetes Spielzeug (Kauknochen, geknotete Socken etc.)*
- *Autogitter (falls der Hund im Fond oder Gepäckraum des Wagens sitzen soll)*

Pflegeutensilien

Weil der Labrador ein pflegeleichter Hund ist, brauchen Sie anfangs weder Bürste noch Shampoo. Ein paar ausrangierte Frotteetücher tun gute Dienste beim Trocknen nach einem Planschbad. Mehr Pflegeutensilien sind anfangs nicht nötig (s. S. 61).

Futtervorrat

Bevor Sie sich mit Futtervorräten eindecken, fragen Sie den Züchter nach der bisherigen Ernährung des Hundes. Futterumstellungen während der Umgewöhnungsphase verursachen bei ihm zusätzlichen Streß, den Sie ihm ersparen sollten. Anfangs sollten Sie auf jeden Fall das gewohnte Futter in der gewohnten Menge und zu den gewohnten Zeiten anbieten. Nach 3 bis 4 Wochen können Sie auf Ihre „Wunschernährung" umstellen. Mit der Gabe der Leckerbissen, die der Zoofachhandel in großer Auswahl bereithält, sollten Sie am Anfang

Auch ein Hundekind braucht Spielsachen!

ebenfalls vorsichtig sein, denn für den Welpen sind sie sicherlich ungewohnte Nahrung. Aber auch später sollten solche Leckerlis nur gezielt gegeben werden.

Der Weg ins neue Heim

Die günstigste Zeit, Ihren kleinen Labrador vom Züchter abzuholen, ist der Vormittag, wenn der Hund ausgeschlafen, sein Geschäft verrichtet und gefressen hat. Steht eine längere Fahrt bevor, so sollten Sie allerdings die späten Vormittagsstunden wählen. Die letzte Mahlzeit liegt dann bereits etwas zurück, und die Gefahr, daß es dem Welpen auf seiner ersten Fahrt übel wird, ist geringer. Außer dem Fahrer sollte wenigstens noch eine Person dabei sein, wenn der Hund geholt wird.
Der Vorbesitzer oder Züchter wird Ihnen einen Vorrat der bisherigen Futtermittel, einen Ernährungsplan, den Stammbaum und den Impfpaß und vermutlich jede Menge Empfehlungen mit auf den Weg geben.

Achten Sie darauf, daß der Welpe während dieses letzten Gesprächs schon in Ihrer Nähe ist und Sie ihn streicheln können. Dann ist ihm Ihr Geruch bereits bei seinem Auszug vertraut. Sprechen Sie mit Ihrem neuen Hund – mit ruhiger leiser Stimme, aber nicht trostspendend, sondern optimistisch. Hunde erkennen sehr wohl am Ton, in welcher Stimmung man sich befindet.

Im Wagen plazieren Sie Ihren neuen Vierbeiner genau dort, wo er später immer sitzen oder liegen soll. Am besten auf einer Decke, die Sie mitgebracht haben oder vom Züchter zur Verfügung gestellt bekamen. Falls sein Platz vor dem Beifahrersitz ist, legen Sie ihn dort ab.

Während der Fahrt verhindert der Beifahrer ein Aufspringen des Hundes, indem er ihn streichelt und beruhigend auf ihn einredet. Ist sein Platz im Fond oder im Gepäckraum, sollte sich eine Person dieses erste Mal zu ihm setzen und ebenfalls durch Streicheleinheiten dafür sorgen, daß der Kleine nicht aufsteht oder herumläuft.

Wichtig:
Dauert die Fahrt länger als 1 Stunde, müssen Sie Zwischenstops einlegen, um dem Kleinen Gelegenheit zu geben, sich zu entleeren. Achtung: Lassen Sie ihn nicht unangeleint aus dem Auto – er kennt Sie ja noch nicht und könnte davonlaufen.

Der erste Tag im neuen Zuhause

Auch wenn der Hund während der Fahrt ins neue Heim gedöst hat, braucht er nach seinem Einzug eine kurze Erholungspause. Setzen Sie ihn auf seinen Schlafplatz, und bleiben Sie ganz in der Nähe. 1 Stunde lang sollte er jetzt tun dürfen, was er will. Wenn der Hund winselt, rufen Sie ihn mit leiser Stimme und streicheln ihn, falls er zu Ihnen kommt. Gehen Sie mit, wenn er einen ersten Orientie-

Nachbarskinder, Freunde und Bekannte dürfen den Kleinen erst nach einigen Tagen „bestaunen“

rungsrundgang unternimmt. Zeigen Sie ihm seinen Futter- und seinen Wassernapf (beide können ruhig gefüllt sein), und lassen Sie ihm Zeit, die vielen fremden Gerüche kennenzulernen. Sorgen Sie in den ersten Stunden unbedingt dafür, daß er keinerlei schlechte Erfahrungen macht: Wenn Sie kleine Kinder haben, wenn bereits ein Hund oder ein anderes größeres Haustier bei Ihnen lebt, machen Sie diese erst am nächsten Morgen mit dem Neuankömmling bekannt.

Unser Tip

Am ersten Tag im neuen Zuhause sollten Sie dem Neuankömmling möglichst viel Ruhe gönnen. Nachbarn, Freunde und Verwandte, die den „Neuen“ begutachten wollen, müssen ein paar Tage Geduld haben.

Der Labrador und andere Tiere

Im Gegensatz zu den meisten anderen Hunderassen ist der Labrador sein ganzes Leben lang bereit, andere Lebewesen zu akzeptieren.

Genauso tolerant wie gegenüber Menschen ist er auch gegenüber seinen Artgenossen und den mit ihm lebenden Haustieren. Vor allem, wenn Sie einen Welpen ins Haus holen, wird er bestimmt mit Ihrer Katze oder Ihrem Zwergkaninchen Freundschaft schließen.

Stellen Sie den ersten Kontakt behutsam her, leinen Sie Ihren Labrador an, heißen Sie ihn sich setzen, und zeigen Sie ihm Kaninchen oder Katze. Falls die Kleintiere ihm ohne Scheu begegnen, darf er auch an ihnen schnuppern.

Je jünger beide Tiere sind, wenn sie zusammenkommen, desto wahrscheinlicher ist es, daß sie sich später gut vertragen

Bei der Begegnung mit kleineren Haustieren ist allerdings eine gewisse Vorsicht geboten. Mäuse oder Vögel können durch ihre schnellen Bewegungen den Jagdtrieb des Labradors wecken, und man sollte sie deshalb nicht unbeaufsichtigt mit dem Hund allein lassen.
Obwohl der Labrador einen eher schwach ausgeprägten Jagdtrieb besitzt, heißt das aber nicht, daß er beim Spaziergang nie einer fliehenden Katze oder einem Kaninchen hinterherhetzen wird. Er wird zwar nur in den seltensten Fällen „Jagderfolg" haben, weil er zu langsam ist, doch eine Garantie, daß er's nicht versucht, gibt es nicht. Deshalb ist zu empfehlen, ihn im freien Gelände erst von der Leine zu lassen, wenn er die Basiserziehung schon hinter sich hat, also unbedingt und immer auf ein „Komm" oder „Sitz" reagiert.
Aufpassen müssen Sie vor allem an Gewässern, in denen sich Enten oder anderes Wassergeflügel tummeln. Sonst kann es passieren, daß der Labrador sich plötzlich ins Wasser stürzt und mit einer Ente angeschwommen kommt.

Wichtig:
Lassen Sie Ihren Labrador von Anfang an nie ohne Aufforderung etwas aus dem Wasser apportieren. Wenn er mit einem Stöckchen auf Sie zugeschwommen kommt, ignorieren Sie das und loben Sie ihn nicht dafür.

Labradore zählen auch nicht zu den rauflustigen oder aggressiven Hunden. Sie nehmen sogar Provokationen ihrer Artgenossen in der Regel gelassen entgegen, ohne sich zu wehren. Dank ihrer hohen Reizschwelle muß ein anderer Hund sie schon arg nerven, bevor sie ihm zeigen, daß sie stärker sind. Allerdings unterschätzen sie manchmal das eigene Gewicht und ihre Kraft, so daß kleinere Hunde im Spiel schon einmal angerempelt oder umgeworfen werden.

Unser Tip

Besuchen Sie bereits mit dem Welpen häufig eine Hundewiese, damit er Kontakt zu Artgenossen haben kann und lernt, seine Kräfte richtig einzuschätzen.

Die Erziehung des Labradors

An den ersten Tagen im neuen Zuhause ist Ihr Labradorwelpe so lernwillig wie nie mehr in seinem Leben. Das sollten Sie ausnutzen. Denn alle Regeln, der er jetzt als solche erfährt, vergißt er nie wieder.

Stubenreinheit

Damit Ihr Kleiner möglichst schnell stubenrein wird, muß Konsequenz das oberste Gebot sein. Anfangs müssen Sie ihn 5 bis 6mal am Tag zu der von Ihnen ausgesuchten Hundetoilette führen. Darüber hinaus ist eine ca. 7stündige Nachtruhe für einen 8 oder 9 Wochen alten Welpen auch noch zu lang, und er wird sich während der ersten Nächte 1 bis 2mal lösen müssen (als Lösen bezeichnet man beim Hund das Absetzen von Kot oder Urin). Es empfiehlt sich daher, ihn in den ersten Nächten neben dem Bett schlafen zu lassen und sich alle 3 Stunden den Wecker zu stellen, um mit dem Welpen zur Hundetoilette gehen zu können. Nach 3 bis 4 Nächten wird er sich schon von selbst melden, wenn er sich entleeren muß. Mit dieser zugegebenermaßen etwas aufwendigen Methode werden die meisten Hunde bereits innerhalb von 8 bis 10 Tagen stubenrein und können dann – sollen sie nicht im Schlafzimmer bleiben – an ihren endgültigen Schlafplatz gewöhnt werden.

Je aufmerksamer Sie Ihren Welpen auch tagsüber beobachten, je weniger Geschäfte wird er in Ihrer Wohnung erledigen.

Junge Hunde entleeren sich immer, wenn sie nach einer Schlafphase aufwachen, und etwa 10 Minuten nach einer Mahlzeit.

Gehen Sie deshalb konsequent nach jedem Füttern und immer dann, wenn der Kleine sich anschickt, aus dem Körbchen zu steigen, mit ihm hinaus zum Hunde-WC. Nun ist das in Hochhäusern nicht immer möglich. In diesem Falle können Sie sich mit einer Lage Zeitungen behelfen, auf die Sie den Hund führen oder tragen. Doch wo das vermeidbar ist, sollten Sie den Weg ins Freie wählen, das erspart Ihnen später die Umgewöhnung vom Papier auf die Wiese.

Darüber hinaus kann die Zeitungsunterlage für einen so großen Hund sowieso nur eine kurzfristige Notlösung sein.

Wichtig:
Vergessen Sie nie, Ihren kleinen Vierbeiner zu loben, sobald er sich am richtigen Fleck hinhockt, um sein Geschäft zu erledigen. Ein Lob spornt ihn an, sich immer in der von Ihnen gewünschten Weise zu verhalten.

Wenn doch einmal ein Malheur passiert, was bei jungen Hunden immer vorkommen kann, putzen Sie Fleck oder Haufen kommentarlos weg, und schimpfen Sie nicht. Stecken Sie auch niemals die hochsensible Hundenase in den „Stein des Anstoßes". Jede Bestrafung würde den Hund, der seine Missetat nicht mit der Strafe verknüpfen kann, nur verstören und Ihnen gegenüber mißtrauisch machen. Unmittelbar nach so einem Fehltritt brauchen Sie auch nicht ins Freie zu gehen, denn der Welpe bezieht Ihren Gang nach draußen nicht im geringsten auf seine Tat. Warten Sie lieber auf die nächste „günstige" Gelegenheit, und vergessen Sie dann nicht, ihn ausgiebig zu loben, wenn er am richtigen Platz sein Geschäft verrichtet hat.

Spielregeln im neuen Zuhause

Als Rudeltier braucht der Hund klare Regeln, was seine Rechte und damit seine Stellung innerhalb des Rudels, in unserem Fall innerhalb der Familie betrifft. Beginnen Sie also am besten noch während der Orientierungsphase im neuen Heim damit, ihm die Spielregeln beizubringen.
Wenn er auch später nicht auf die Couch darf, Ihre Zimmerpflanzen in Ruhe lassen soll und nicht an Stuhlbeinen knabbern darf, müssen Sie ihm all dies von Anfang an klarmachen. Sobald er also Anstalten trifft, mit einem Stofftier Ihrer Kinder

Wie Babys kauen auch Welpen gerne an allem herum – wie gut, wenn es dann kein wertvoller Perserteppich ist

zu spielen (und alle Labradore schleppen leidenschaftlich gern Gegenstände mit sich herum), nehmen Sie es ihm aus dem Mäulchen und sagen „Nein“. Bieten Sie ihm ruhig eines seiner eigenen Spielzeuge an – seine feine Nase zeigt ihm den Unterschied zwischen Dingen, die nach Mensch, und solchen, die nach Hund riechen. Klettert er zu Ihnen auf die Couch, heben Sie ihn sofort hinunter, setzen ihn auf seinen Schlafplatz, und streicheln Sie ihn dort.

Auch die erste Nacht ist nicht so ein großes Problem, wie oft befürchtet wird. Der junge Hund ist nämlich, wenn Sie ihn vormittags geholt haben, hundemüde. Natürlich sehnt er sich nach der Mutter, den Geschwistern und den vertrauten Gerüchen in seiner Wurfkiste. Doch wenn Sie ihn auf einer Decke im Auto transportiert haben, erkennt er auch diese wieder (am Duft).

Um ihm die Eingewöhnung zu erleichtern und ihn schneller stubenrein zu bekommen, empfiehlt es sich, wie bereits besprochen, ihn in den ersten Nächten neben dem eigenen Bett schlafen zu lassen. Es ist zwar strenggenommen inkonsequent, wenn wir den Hund erst bei uns schlafen lassen und ihn nach ca. 3 Wochen möglicherweise in einen

anderen Raum umquartieren, aber ausnahmsweise ist Inkonsequenz hier die bessere Lösung. Er wird sich nämlich viel schneller zu Hause fühlen, wenn er anfangs nachts nicht allein sein muß, sondern „wenigstens“ anstelle seiner Hundefamilie jetzt menschliche Nähe spürt. Die Zuteilung eines anderen Schlafplatzes macht später in den meisten Fällen keine Probleme, weil der Hund sich dann schon an seine neue Umgebung und den neuen Rhythmus gewöhnt hat. Legen Sie Ihren kleinen Labrador hingegen von Anfang an in einem gesonderten Zimmer zum Schlafen ab, ohne nachts mit ihm nach draußen zu gehen, werden Sie höchstwahrscheinlich noch wochenlang morgens stillschweigend ein Pfützchen wegwischen müssen.

Schläft Ihr Labrador schließlich die ganze Nacht durch, dann heißt es wieder, konsequent sein. Wenn er morgens vor Ihnen erwacht und Sie mit lautem Geheule aufweckt, müssen Sie sich zwingen zu warten. Es sei denn, Sie wollen künftig immer dann aus dem Bett springen, wenn Ihr Hund wach wird. Stehen Sie zur gewohnten Zeit auf, damit seine innere Uhr sich darauf einstellen kann. Bei einem sehr jungen Hund müssen Sie dann sofort erst einmal mit ihm hinaus, doch später sollten Sie in Ruhe frühstücken oder sich anziehen, bevor Sie beide den ersten Spaziergang unternehmen.

Wichtig:
Obwohl Sie sich das Aufstehen nicht von Ihrem Vierbeiner vorschreiben lassen sollten, dürfen Sie ihn aber auch nicht allzu lange warten lassen. Viel länger als 8 Stunden vermag auch der erwachsene Hund sein „Bedürfnis" nicht einzuhalten.

Teilen Sie sich von Anfang an den Tag so ein, wie Sie ihn sich auch später wünschen: Frühstück, Spaziergang, Hunde-Unterricht, Ruhephase, Tobestunden – all das sollte möglichst schnell geregelt werden. Je genauer Sie sich dabei an feste Zeiten halten, desto eher stellt sich der Hund auf Ihren Rhythmus ein.

Gewöhnung an Halsband und Leine

Einige Welpen haben bereits beim Züchter zeitweise ein Halsband getragen, doch oft kommt der kleine Labrador auch „nackt" ins Haus. Dann müssen Sie ihm das Tragen des Halsbandes wie auch das Laufen an der ihm unangenehmen Leine versüßen, um ihn daran zu gewöhnen: Unmittelbar vor einer Mahlzeit legen Sie dem Hund das Halsband ganz locker um und führen ihn sofort an die Futterschüssel. Er wird anfangen zu fressen und das Band zunächst nicht wahrnehmen. Beginnt er, sich dagegen zu wehren, locken Sie ihn mit Futter, streicheln ihn und ignorieren

Aller Anfang ist schwer ...

seine Abwehrbewegungen. Erst wenn er sich wieder ins Körbchen trollt, nehmen Sie das Halsband ab, um es ein paar Stunden später wieder anzulegen. Meistens gibt es keinerlei Probleme, wenn Sie das richtige Band (weiches Leder, nicht zu eng) benutzen. Schwieriger ist das Gewöhnen an eine Leine, denn bisher durfte der junge Hund ja laufen, wohin und vor allem wie schnell er wollte. Üben Sie zunächst in der Wohnung. Legen Sie ihm die Leine an, und ermuntern Sie ihn ohne einen Ruck, nur mit Ihrer Stimme, zum Vorwärtsgehen. Halten Sie sein Tempo so gut wie möglich ein. Bleibt er stehen, weil er einen ungewohnten Zug spürt, locken Sie ihn wieder. Ändern Sie dann leicht die Richtung, damit er die Leine auch merkt, und locken Sie ihn mit einem Leckerli, um ihm die neue Richtung schmackhaft zu machen.
Klappt das Laufen in der Wohnung einigermaßen, können Sie beginnen im Freien zu üben.
Wenn der Hund deutlichen Vorwärtsdrang entwickelt und davonstürmen will, mäßigen Sie ihn mit ruhiger, leiser Stimme: „Laaangsam“ und straffen die Leine. Hört er nicht, bleiben Sie unbedingt stehen, denn jedes Nachgeben führt dazu, daß der Hund sich an den Druck an Hals und Brust gewöhnt und sich mit immer größerer Energie in die Leine wirft. Geben Sie jetzt nicht nach, bis der Hund auch steht. Erst dann lockern Sie die Leine und laufen weiter – langsam, bevor Sie von sich aus das Tempo wieder beschleunigen.
Wird er dagegen langsamer und bleibt vielleicht sogar stehen oder will rückwärts gehen, nehmen Sie sofort den Zug von der Leine und locken den Hund zu sich. Nur wenn er sich hinsetzt und unter keinen Umständen

Ihrer Stimme folgt, packen Sie den unfolgsamen Vierbeiner am Nacken und heben ihn auf die Beine, schubsen ihn leicht vorwärts und ermuntern ihn zum Weiterlaufen.

Wichtig:
Geben Sie niemals nach! Von Anfang an dürfen Sie weder ein Zerren nach vorne noch ein halsstarriges Sitzenbleiben dulden. Schon der Welpe erkennt genau, wann er seinen Willen durchsetzen konnte, und das wird er künftig ausnutzen.

Am ersten Tag werden die Spaziergänge sicher nicht die reine Freude sein, doch wenn Sie konsequent sind, ist der Hund bereits am dritten Tag „leinenführig", geht also willig und ohne Widerstreben mit Ihnen mit. Natürlich sollten Sie Ihren Welpen am Anfang auch nicht durch zu lange Spaziergänge überfordern (s. auch S. 56).

Das Alleinbleiben

Schon der junge Hund sollte lernen, sich ruhig zu verhalten, wenn er für einige Stunden allein bleiben muß. Das Alleinbleiben übt man mit dem Labrador am besten, wenn er müde

ist, also z.B. nach einem ausgiebigen Spaziergang. Liegt er auf seinem Ruheplatz, entfernen Sie sich, ohne ihn darauf aufmerksam zu machen. Wird er wach und will Ihnen folgen, setzen Sie ihn wieder auf den Schlafplatz und gehen sofort wieder weg. Das Spielchen wiederholt sich möglicherweise noch einige Male, doch Sie müssen Sieger bleiben. Wenn der Hund resigniert im Korb bleibt, gehen Sie für 5 Minuten weg. Liegt er bei Ihrer Rückkehr noch auf seinem Schlafplatz, loben Sie ihn ausgiebig. Hat er aus Angst oder Protest eine Pfütze hinterlassen, sich an irgendeinem Gegenstand aus dem Zimmer zu schaffen gemacht oder vielleicht gejault oder gewinselt, ignorieren Sie das, legen den Hund sofort auf seinen Schlafplatz und entfernen sich erneut.

Der von Natur aus eher ruhige Labrador versteht schnell, daß ihm „Ruhe bewahren“ während Ihrer Abwesenheit eine tolle Begrüßungsszene und ein Tobespiel bei Ihrer Rückkehr einbringt, während alles andere Ihr erneutes Weggehen zur Folge hat.

Wichtig:
Länger als 4 Stunden sollten Sie einen Hund nie allein lassen – auch nicht im Garten. Als Rudeltier fühlt er sich sonst einsam und verkümmert seelisch.

Je abwechslungsreicher das Umfeld bereits beim Züchter ist, desto besser für die Welpen – diese hier werden sich wahrscheinlich später von Hühnern nicht mehr aus der Reserve locken lassen

Die Sozialisierung – oder „Der Weg zum zivilisierten Hund“

Die Sozialisierungsphase ist ein sehr wichtiger Abschnitt im Leben des Junghundes. Er sollte in dieser Zeit möglichst vielen Umweltreizen ausgesetzt und mit den verschiedensten Situationen vertraut gemacht werden. So erreicht man, daß sich der erwachsene Labrador nur noch in Ausnahmefällen aus der Ruhe bringen läßt. In den ersten Wochen bei Ihnen reagiert der Welpe so empfindlich auf Sie, daß Sie ihn ohne Tadel, Strafen oder gar Gewalt erziehen können. Diese Zeit sollten Sie intensiv nutzen! Unternehmen Sie Spaziergänge in jeder nur denkbaren Umgebung, mit und ohne Leine. Der natürliche Folge-

trieb veranlaßt den jungen Hund, sich Ihnen anzuschließen, wo er sich nicht auskennt.
Für größere Lektionen sollten Sie sich Zeit lassen, bis Ihr Labrador etwa 6 bis 8 Monate alt ist (Labrador Retriever gehören zu den Spätentwicklern). Doch den Grundstein für die spätere Erziehung können Sie schon im Welpenalter legen.

Laufen auf Gehwegen

Sie können mit und ohne Leine üben. Achten Sie einfach darauf, daß der Welpe hinter oder neben Ihnen herläuft – und dabei weder den Radweg noch die Straße betritt. Sobald er es doch tut, weil ein Geruch oder der Spieltrieb ihn dazu verleiten, rufen bzw., wenn er angeleint ist, ziehen Sie ihn wieder zurück. Bleiben Sie grundsätzlich an jeder Kreuzung stehen, auch wenn die Ampel grün zeigt oder kein Verkehr herrscht. Diese Übung sollten Sie sicherheitshalber aber nur mit dem angeleinten Hund absolvieren. Warten Sie, bis der Hund an Ihrer Seite ist, wo er ebenfalls warten muß bzw. sich hinsetzt (sobald er „Sitz" [s. S. 46] gelernt hat). Erst auf Ihr Kommando „Los" überqueren Sie beide zügig die Straße, aber keinesfalls schräg, sondern immer auf dem kürzesten Weg.

Unser Tip

Wenn Sie in der Stadt spazierengehen, achten Sie darauf, daß Ihr Hund sich nie auf dem Gehsteig entleert. Gehen Sie vorher mit ihm zu seinem Toilettenplatz – in der Stadt handeln Sie sich ansonsten nur Ärger oder sogar einen Bußgeldbescheid ein.

Er hat bereits gelernt, sich im Straßenverkehr richtig zu verhalten

Toben und Spielen

Wann er toben und spielen darf und wann es heißt, unbeirrbar Ihnen zu folgen, registriert der Welpe schnell, wenn Sie ihm den Unterschied über Gesten und Worte klarmachen. Solange Sie beide sich in verkehrsreichen, belebten Gegenden aufhalten, darf er weder toben noch Passanten oder andere Hunde beschnüffeln. Versagen Sie sich aber auch selbst, mit Bekannten zu reden, wenigstens in den ersten Wochen, denn jeder Stop gibt Ihrem Hund das Gefühl, daß Halten zur Tagesordnung gehört.

Auch ein erwachsener Hund braucht für sein Wohlbefinden den regelmäßigen Kontakt zu Artgenossen

Auf den Hundewiesen dagegen fordern Sie Ihren Vierbeiner ruhig zum Toben auf. Lassen Sie ihn dort auch, sooft es geht, mit anderen Hunden spielen. Wenn Sie in einer Gegend wohnen, in denen nur wenig Hunde leben, sollten Sie auch längere Fahrten zu anderen Vierbeinern oder einer Hundespielwiese nicht scheuen.

Wichtig:
Ihr Welpe lernt im Spiel mit Artgenossen, was er mit seiner Mutter und den Geschwistern nicht mehr ausreichend einüben konnte: die Kommunikation mit seinesgleichen.

Denn nur durch regelmäßigen Kontakt zu möglichst vielen Artgenossen kann der junge Hund ein gesundes Sozialverhalten entwickeln und wird nicht zu einem Angsthasen oder einem Raufbold.
Viele Clubs und Hundeschulen haben sogenannte Welpenspielstunden eingerichtet, in denen junge Hunde unter Aufsicht miteinander toben können. Die Tiere lernen dort auch Menschen aller Größen, jeden Geschlechts und Alters kennen – ebenfalls eine wichtige Erfahrung für jeden Hund.

Begegnung mit Kindern

Der Labrador ist von Natur aus ein menschenfreundlicher Hund, der Fremden gegenüber keinerlei Aggressivität zeigt. Trotzdem sollten Sie bei Spaziergängen dafür sorgen, daß er Kinder jeder Altersstufe kennenlernt.
Wieder zeigen Sie ihm den Unterschied, wann er mit diesen spielen darf und wann es für ihn heißt, sie zu ignorieren. Macht er Anstalten, ohne Ihr entsprechendes „Los" auf fremde Kinder zuzulaufen, rufen Sie ihn zu sich, tätscheln ihn und bedeuten ihm mit einem „Komm" oder mit einem Zug an der Leine, weiterzulaufen. Auf Ihr „Los" darf er seiner Neugier und Spielfreude freien Lauf lassen.

Begegnungen mit Radfahrern und Joggern

Beide sind bei unerzogenen Hunden oft das Ziel spielerischer Verfolgungen und Attacken. Der Labrador macht da keine Ausnahme. Provozieren Sie also solche Begegnungen von Anfang an, und rufen Sie Ihren Vierbeiner energisch zu sich, wenn ein auftauchender Radfahrer oder Jogger

Die beiden werden sicher einmal dicke Freunde!

seinen Blick ablenkt. Noch bevor er sich in Bewegung setzen kann, verwickeln Sie ihn in ein Spiel (s. auch S. 58 ff.).
Bei Ihren Übungsspaziergängen erreichen Sie – ganz nebenbei –, daß der Hund Ihr „Komm“ versteht und als etwas Angenehmes empfindet. Das erspart Ihnen später viel Mühe. Vergessen Sie aber nie, ihn jedesmal zu loben und zu streicheln, wenn er auf Ihr Rufen zu Ihnen kommt.

Die wichtigsten Kommandos

Vor dem 6. Lebensmonat braucht der Junghund noch nicht perfekt bei Fuß zu gehen. Er ist noch gar nicht in der Lage, sich längere Zeit zu konzentrieren, und Sie sollten ihn auch keinesfalls überfordern. Lernen kann er aber trotzdem – in kurzen Intervallen und eher spielerisch.

„Komm“

Das Kommando „Komm“ kennt er ja bereits aus seiner Welpenzeit. Sie können es noch verstärken, indem Sie den Hund, wenn er frei läuft und tollt, mit seinem Namen und einem „Komm“ (oder „Hier“) rufen und sich gleichzeitig von ihm abwenden.

Er wird seinen Blick zu Ihnen wenden und angerannt kommen, weil er bemerkt, daß Sie in eine andere Richtung laufen.
„Komm“ und „Hier“ rufen Sie auch, wenn Ihr Vierbeiner eine Zeitlang mit anderen Hunden gespielt hat und wenn er freiwillig auf Sie zugetrabt kommt. Das Kommando verbindet sich im Hundehirn dann selbstverständlich mit seinem Tun.

Unser Tip

Rufen Sie Ihr „Komm“ oder „Hier“ nicht streng und laut, sondern ermunternd, anspornend und verheißungsvoll. Es soll beim Hund nicht als unangenehmes Kommando ankommen, sondern als anspornende Aufforderung, sich wieder dem Rudel anzuschließen.

Drücken Sie dem Hund das Hinterteil nach unten, während Sie ihm den „Sitz"-Befehl erteilen – so versteht er besser, was Sie von ihm wollen

„Sitz"

„Sitz" ist ein weiteres Kommando, das schon der Junghund lernen kann. Sie können warten, bis er sich ab und zu von selbst hinsetzt, und ihm dann zusätzlich das Kommando geben, damit er es mit dem Sichsetzen verknüpft. Sie können aber auch seinen Namen rufen, wenn Sie vor ihm stehen, sich in die Hocke begeben und zum Wort „Sitz" ganz leicht den Rücken des Hundes hinunterdrücken. Meistens geben die Hinterläufe schnell dem Druck nach, und der Hund setzt sich hin. Zeigen Sie sich jetzt ganz entzückt, und streicheln Sie ihn. Wenn er sich hinlegt, statt sich zu setzen, loben Sie ihn nicht, korrigieren Sie aber auch nichts, solange der Hund noch so jung ist. Den Unterschied von „Sitz" und „Platz" muß er später lernen, vorerst genügt es, daß dem richtigen „Sitz" ein Lob und dem unkorrekten „Platz" kein Lob folgt.

„Platz"

„Platz" lehren Sie Ihrem Hund ähnlich wie „Sitz". Immer dann, wenn er sich von selbst hinlegt, unterstützen Sie den Vorgang durch das Schlüsselwort. Zum Hinlegen veranlassen können Sie Ihren Labrador, wenn Sie sich vor ihn hocken und ihm ein Leckerli

zeigen, während er sitzt. Legen Sie den Bissen jetzt in so weitem Abstand vor ihn hin, daß er die Vorderläufe strecken (sich also hinlegen) muß, wenn er den Leckerbissen ergattern will. Um zu verhindern, daß er aufsteht, um sich den Futterbrocken zu holen, drücken Sie den Hunderücken sanft, aber bestimmt nach unten. Dazu sagen Sie „Platz“.

Wichtig:
Beim Junghund dürfen weder „Sitz“ noch „Platz“ mit Gewalt erzwungen werden, er würde beides als Strafe begreifen und die Kommandos sein Leben lang ungern ausführen.

Er hat das „Platz“-Kommando schon gelernt

Unser Tip

Zeigen Sie sich grundsätzlich begeistert, wenn der Hund einen Befehl gewollt oder ungewollt richtig ausführt: das empfindet er als angenehm, und er ist bereit, sein Tun möglichst oft zu wiederholen, um jedesmal erneut gelobt zu werden.

„Aus“ oder „Pfui“

Mit dem Kommando „Aus“ oder „Pfui“ sollten Sie Ihren Labrador bereits sehr früh vertraut machen und es immer dann einsetzen, wenn er etwas nicht tun soll. Versäumen Sie es nämlich, sich rechtzeitig Autorität zu verschaffen, kann es Ihnen beispielsweise passieren, daß Sie es kaum mehr wagen, Ihrem 6 oder 7 Monate alten Hund „seine Beute“ abzunehmen, weil er Sie anknurrt. Je jünger er ist, umso leichter wird er sich, unterstützt durch ein eindrucksvolles „Aus“, etwas aus dem Maul nehmen lassen.
Auch das Anspringen von Menschen sollten Sie ihm bereits von Anfang an abgewöhnen. Es handelt sich dabei um ein angeborenes Verhaltensmuster: Welpen betteln um Futter, indem sie an ihrer Mutter hochspringen und

Ein Hund muß sich seine „Beute“ abnehmen lassen; je früher er das lernt, desto besser

Unser Tip

Ist Ihr Labrador ein halbes Jahr alt, können Sie das bisher mehr oder weniger spielerisch Erlernte festigen und vertiefen. Vergessen Sie dabei nie, Ihren Hund zwar konsequent, aber mit Geduld zu erziehen. Geben Sie Ihre Kommandos nicht mit bittender, sondern immer mit fester, bestimmender Stimme, und schreien Sie niemals!

versuchen, ihre Schnauze zu erreichen. Bei einem so schweren Hund wie dem Labrador kann das Anspringen unangenehme Folgen haben, wenn es sich um schwache oder kleine Menschen handelt. Außerdem ist es nicht jedermanns Sache, die großen Pfotenabdrücke auf Bluse oder Hemd zu finden.

Um Ihren Labrador nicht unnötig zu frustrieren, denn für ihn ist das Hochspringen ja ein Begrüßungsritual, sollten Sie ihn nur im Notfall mit einem „Aus“ abrufen. Probieren Sie vorher einmal folgende Alternative: Wenn der Hund auf Sie losstürmt, um Sie zu begrüßen, freuen Sie sich, treten zur Seite und heißen ihn „Sitz“. Ersatzweise können Sie ihm einen Ball zeigen, den Sie wegwerfen, um mit dem Hund hinterherzustürmen. Auf jeden Fall treten Sie so zur Seite, daß Ihr Labrador ins Leere springen würde, sich aber nicht weh tut. Oder ersetzen Sie das hundliche Begrüßungsritual durch ein menschliches: Geben Sie Ihrem Hund einen Gegenstand ins Maul, oder tätscheln Sie ihm den Kopf, wenn er sich gesetzt hat. Das tun Sie immer wieder, bis er jedesmal, wenn jemand kommt, hinläuft und sich hinsetzt oder auf ein Bringsel (Gegenstand zum Apportieren) wartet.

So ist's brav! Der Kleine macht bereits artig „Sitz" und springt nicht an Frauchen hoch

Wenn der Hund Probleme macht

Ungewollt falsche oder inkonsequente Erziehung, die Übernahme eines Hundes aus zweiter Hand, aber auch schlechte Erfahrungen, die das Tier ohne Ihr Zutun macht, können zu Problemen bei der Erziehung und im Zusammenleben führen. Auftretende Schwierigkeiten sollten Sie so schnell wie möglich zu beheben versuchen. Wenn Sie sich das selbst nicht zutrauen, gehen Sie mit Ihrem Hund in einen Verein oder eine Hundeschule. Denken Sie immer daran: Der Labrador ist ein starker und großer Hund mit einem gehörigen Dickkopf. Hat er sich eine Unart erst einmal angewöhnt, können Sie ihm diese nur mit eiserner Konsequenz wieder austreiben. Im folgenden eine Aufstellung der häufigsten Probleme, ihrer Ursachen und der notwendigen Maßnahmen zur Korrektur des unerwünschten Verhaltens.

Bissigkeit

Ein intelligenter Hund wie der Labrador erkennt Nachgiebigkeit Ihrerseits sofort und nutzt sie hemmungslos aus. Er führt Unterordnungsübungen nur unwillig oder gar nicht aus und widersetzt sich bei der Fellpflege. An der Leine versucht er ständig, Tempo und Wegrichtung des Spaziergangs zu bestimmen. Kann er seinen Willen nicht durchsetzen, versucht er, mit Drohgebärden wie Knurren oder Schnappen sein Ziel zu erreichen.
In diesen Fällen müssen Sie auf Unterordnung bestehen – dem Hund also seinen eigenen Willen nicht mehr durchgehen lassen. Weil Sie mit Schreien oder Schlägen kaum etwas erreichen, sollten Sie den anderen Weg gehen: Sparen Sie ab sofort mit

Auf dem Hundeplatz lernt ein Raufbold am besten, die Nähe von Artgenossen zu tolerieren

Lob, vor allem auch mit Belohnungen, und lassen Sie Ihren Labrador darum buhlen. Er wird nur noch dann getätschelt, wenn er ein Kommando korrekt ausgeführt hat, Sie stecken ihm einen Leckerbissen nur zu, wenn er dafür gearbeitet hat. Dazu müssen Sie viel Selbstbeherrschung aufbringen, denn die Wirkung zeigt sich nicht nach wenigen Stunden, sondern es kann Wochen dauern, bis der Hund auf so einen „Liebesentzug" reagiert. Trainieren Sie täglich sieben- bis zehnmal 5 Minuten. Sie kennen Ihren Hund am besten und wissen, welche Übungen er am wenigsten gern ausführt. Die müssen nun Bestandteil jeder Übungseinheit werden. Brechen Sie niemals ab, bevor Sie sich nicht durchgesetzt haben. Umgekehrt dürfen Sie nicht an Lob geizen, wenn er plötzlich „spurt".
Neben inkonsequentem Verhalten dem Hund gegenüber gibt es aber noch eine zweite Ursache dafür, warum er versucht, sich unseren Kommandos durch Drohverhalten oder Bissigkeit zu widersetzen: wenn z. B. ein Fremder dem Hund einmal einen Schock versetzt hat. Hunde haben ein gutes Gedächtnis. Sie verbinden schlechte Erfahrungen mit Menschen oder Tieren, die bei dem unangenehmen Erlebnis dabei waren. Ein schlimmes Ereignis kann Ihren Labrador soweit verängstigt haben, daß er mit seiner Drohhaltung die eigene Unsicherheit ausdrückt. Solche „Angstbeißer" sind oft Hunde aus zweiter Hand mit einer sehr unglücklichen Vergangenheit. Ihnen zu helfen, bedarf es neben Geduld in vielen Fällen der Therapie durch einen Hundepsychologen.

Rauflust

Raufer finden sich bei dieser Rasse selten. Wird ein Labrador zum Raufbold, sind die Ursachen meistens Bisse, die ihm von Artgenossen beigebracht wurden und gegen die er sich

gewehrt hat. Nach dieser negativen Erfahrung zeigt er dann bei jeder Begegnung mit einem anderen Hund oder bereits beim bloßen Anblick eines Artgenossen das drohend gesträubte Fell und dadurch die Bereitschaft, sich mit Gewalt gegen Annäherungen zu wehren.
Einen Raufer konditionieren Sie am ehesten auf dem Hundeplatz um, wo er, z. B. bei Breitensportübungen, neben Ihnen sitzen, stehen oder gehen muß, während ständig viele andere Hunde um ihn herum sind. Im Laufe dieser Lektionen überdeckt die Erfahrung, daß keiner der anderen Vierbeiner sich ihm nähert und keine feindlichen Signale ausgesendet werden, das unangenehme Erlebnis in der Vergangenheit.

Buddeln im Garten

Rüden scharren mit den Vorderpfoten den Boden auf, wenn sie Imponiergehabe zeigen. Duftstoffe im Boden können einen Labrador auch dazu verleiten zu graben. Die Leidenschaft der Terrier und vieler anderer Jagdhunde, „aus jedem Mauseloch einen Krater zu machen", teilt der Labrador aber nicht. Legen Sie im Garten Tabuzonen fest, Beete oder Plätze also, die er nie betreten darf. Im Garten legen Hunde sich nämlich mit der Zeit Trampelpfade an, die sie gewohnheitsmäßig ablaufen. Wenn Sie deshalb anfangs Hindernisse überall da aufbauen, wo Ihr Hund später nicht hingehen soll, wird er sich einen Trampelpfad auf erlaubten Wegen anlegen und sich an den gelegten Spuren orientieren.

Unser Tip

Lassen Sie Ihren Labrador nicht zu lange allein im Garten, denn oft beginnt er nur aus Langeweile zu graben.

Betteln bei Tisch

Alle Labradors scheinen einen schier unstillbaren Appetit zu haben, deshalb heißt es schon beim Welpen, absolut konsequent bleiben! Wenn Sie ihn ignorieren, obwohl er bei jeder

Ihrer Mahlzeiten alle Register zieht – vom flehenden Blick über das Pfötchen-aufs-Knie-Legen bis hin zu Fiepen und dem Zeigen von Kunststücken –, dann wird der halbwüchsige Hund sich in sein Schicksal fügen und warten, bis sein Futternapf gefüllt wird.

Ein Hund, der einmal gelernt hat, daß er nur lange genug betteln und nerven muß, um seine Ration zu erhalten, ist nur mit viel Konsequenz davon wieder abzubringen. Dazu gehört auch, daß niemand, auch kein Besucher oder der Jüngste der Familie, ihm etwas zustecken darf. Darauf müssen Sie bestehen, sonst bleibt Ihr Bemühen erfolglos.

Das geht wohl bei aller Liebe etwas zu weit!

Unser Tip

Servieren Sie Ihrem Hund jedesmal eine winzige Portion, wenn Sie Ihre Mahlzeit beendet haben, allerdings stets nur in seinen Futternapf und nur, wenn er sich auf Ihr Kommando gesetzt hat.

Um dem Labrador das Betteln abzugewöhnen, versammeln Sie die Familie des öfteren zu einer „Scheinmahlzeit" um den Tisch. Beschränken Sie diese Mahlzeiten auf etwa 5 Minuten, während denen niemand den Hund auch nur eines Blickes würdigt. Sie dürfen auch nicht „Nein" sagen oder „Pfui", sondern alle müssen so tun, als sei der Vierbeiner gar nicht anwesend. Beenden Sie das Mahl offensichtlich, indem alle aufstehen und der Tisch wieder abgeräumt wird. Danach geben Sie Ihrem Labrador eine Kleinigkeit in seinen Futternapf. Nach ein paar Tagen wird er warten, bis ihm die entsprechenden Signale verraten, daß Sie fertig sind, von sich aus zu seinem Futternapf laufen und sich dort hinsetzen. Ab jetzt dürfen Sie nicht mehr rückfällig werden, weder im Urlaub, noch wenn Sie bei Freunden zu Besuch oder in einem Restaurant sind.

Die richtige Ernährung

In den ersten Tagen im neuen Zuhause hat der Junghund so viel damit zu tun, sich an die neue Umgebung, die fremden Menschen, den Verlust von Mutter und Geschwistern und den für ihn ungewohnten Tagesrhythmus zu gewöhnen, daß Sie ihm wenigstens sein gewohntes Futter lassen sollten. Ein guter Züchter wird Ihnen einen Ernährungsplan und für die ersten Tage vielleicht auch Futter mitgeben. Allmählich können Sie dann auf die von Ihnen gewünschte Ernährung umstellen.

Futtermenge und Fütterungszeiten

Im ersten Lebensjahr sollte der Hund mehrmals am Tag gefüttert werden, später nur noch einmal. Er erhält dann entweder morgens oder abends seine Gesamtration.

Wieviel Sie füttern, d.h., welche Kalorienmenge Sie Ihrem Hund anbieten, hängt nicht nur von seinem Alter, sondern auch von der Dauer und der Art der Bewegung ab, die Sie ihm abverlangen. Deshalb lassen sich keine allgemeingültigen Richtlinien über den Verbrauch von Kalorien pro Kilogramm Körpergewicht aufstellen. Am besten ist es, das Gewicht des Hundes in regelmäßigen Abständen zu überprüfen.

Durch die Drehung des Magens werden die Zugänge zum Magen verschlossen. Gärgase können nicht entweichen, und der Hund versucht vergeblich zu erbrechen. Ohne Behandlung führt die Magendrehung innerhalb weniger Stunden zum Tod

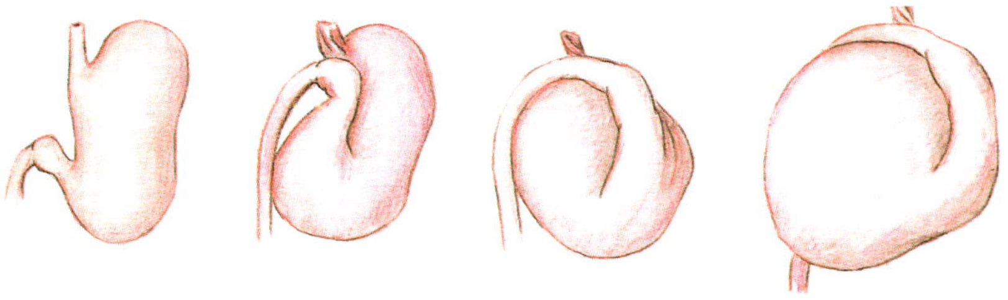

Wichtig:
Füttern Sie Ihren Vierbeiner grundsätzlich **nach** dem Spaziergang. So verhindern Sie die bei großen Hunden vorkommende gefährliche Magendrehung.

Bis zur Vollendung des ersten Lebensjahres oder bis er geschlechtsreif ist bzw. sein Endgewicht von rund 30 Kilogramm erreicht hat, darf er langsam, aber stetig zunehmen (s. Tabelle)

Das Sollgewicht des Labradors im ersten Lebensjahr	
Geburt	450–600 g
1. Woche	750–900 g
2. Woche	1,1–1,3 kg
3. Woche	1,7–2 kg
6. Woche	3,5–4,5 kg
8. Woche	5,5–7 kg
12. Woche	9–11 kg
6 Monate	13–15 kg
ein Jahr	25–30 kg

Besonders beim heranwachsenden Hund kann sich das noch weiche Skelett verformen, wenn er sich beim Fressen immer zu seinem auf dem Boden stehenden Napf hinunterbeugen muß – die Lösung ist ein solcher Futternapfständer

Wichtig:
Beinahe alle Labrador Retriever haben einen gemeinsamen Fehler: Sie sind verfressen und werden allzuleicht übergewichtig bis fett.

Inzwischen ist wissenschaftlich nachgewiesen, daß zu gehaltvolle und üppige Ernährung in der Jugend das Entstehen der so gefürchteten Hüftgelenksdysplasie (HD) begünstigt.

Das Skelett eines so großen Hundes, wie es der Labrador ist, entwickelt sich langsamer als der restliche Körper, die Knochen werden durch Übergewicht in der Wachstumsphase überbelastet und damit anfällig für Erkrankungen und Deformierungen (s. auch Kapitel „Gesundheit" Seite 74ff).

Der Speiseplan

Wer das Futter für seinen Vierbeiner selbst zusammenstellen möchte, sollte sich beim Tierarzt darüber informieren, welche Nährstoffzusammensetzung die Nahrung des Hundes in seinen verschiedenen Entwicklungsphasen (Welpe, Junghund oder älteres Tier) haben muß. Wenn Sie keine Zeit haben oder die Mühe scheuen, Fleisch, Gemüse und Aufbaupräparate im richtigen Verhältnis zu füttern, können Sie auf das Riesenangebot an Fertigfuttermitteln zurückgreifen, das es für Welpen, Junghunde und erwachsene Tiere gibt.

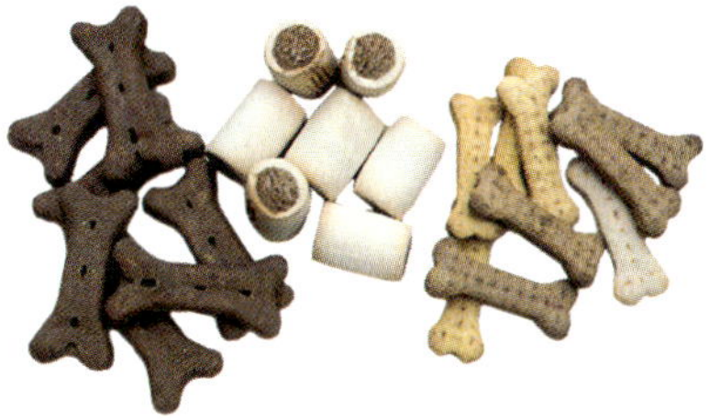

Wichtig:
Wenn auf den Dosen oder Trockenfutterpackungen „Alleinfutter" angegeben ist, sollten Sie wirklich keine zusätzlichen Vitamine oder Mineralstoffe mehr füttern. Diese Fertigmahlzeiten enthalten alle lebensnotwendigen Stoffe bereits in der richtigen Zusammensetzung.

Reine Fleischprodukte sollten Sie mit speziell für Hunde angebotenen Flocken vermischen.
Die Futtermengenangaben auf den Fertigprodukten sind eher großzügig bemessen. Wenn Ihr Hund seinen Napf nicht ganz leert oder wenn er deutlich an Gewicht zulegt, müssen Sie die Menge reduzieren.
Es sei noch einmal betont: Der Labrador ist ein allzeit hungriger Hund, der sich rund um die Uhr Leckerbissen erbetteln würde, wenn Sie ihn ließen. Gehen Sie daher sparsam mit Leckerlis um, oder reduzieren Sie die normale Futtermenge um einige Eßlöffel, wenn Sie eßbare Belohnungen bei der Erziehung einsetzen.

Haltung und Pflege

Die richtige Bewegung

Der stämmige Labrador braucht viel, vor allem aber die richtige Bewegung. Er ist zwar ein kraftvoller Hund mit viel Ausdauer, doch ein Sprinter oder Spitzensportler ist er nicht und deshalb auch nur bedingt für Agility oder Breitensport geeignet. Für viele Übungen ist er einfach zu schwer und würde sich nur quälen. Natürlich können Sie mit ihm an einzelnen Hindernissen auf Hundesportplätzen üben, doch sollten Sie keinen Wert auf große Geschwindigkeit und besondere Wendigkeit legen.
Ihn stundenlang neben sich am Fahrrad herrennen zu lassen, läuft auch seiner Veranlagung zuwider und kann für ihn gesundheitsschädlich sein.

Was und wieviel Sie dem Junghund zumuten dürfen

Beim Labrador braucht es Zeit, bis Skelett und Muskulatur voll ausgebildet sind. Er befindet sich auch nach seinem ersten Geburtstag noch in der Wachstumsphase und ist oft erst mit 2 Jahren wirklich ausgewachsen.

Wenn Sie sportlich sind und lange Wanderungen oder Fahrradtouren lieben, üben Sie sich anfangs in Geduld. Treppensteigen sollte für den jungen Hund ebenfalls absolut tabu sein und auch später, wenn möglich, umgangen werden. Das bedeutet nicht, daß der Labrador über jede Stufe getragen werden muß. Doch wenn Sie im vierten Stock wohnen, sollten Sie es vermeiden, den Hund auf- und abwärts laufen zu lassen.

Wichtig:
Bevor der Hund vollständig ausgewachsen ist, kann jede Überanstrengung die noch nicht vollständig entwickelten Muskeln, Sehnen und Knochen schädigen.

Bewegungs- und Unterrichtsplan

Alter des Hundes	freies Toben/ Auslauf	Spaziergang	Unterricht
bis 5 Monate	6mal tägl. je 5 Min.	5mal tägl. je 10 Min.	–
bis 12 Monate	3mal tägl. je 20 Min.	3mal tägl. je 15 Min.	5mal tägl. je 5 Min.
älter als 12 Monate	1mal tägl. je 1/2 Std.	2mal tägl. je 1 Std.	2mal tägl. je 1/2 Std.

Die obige Tabelle gibt Ihnen Anhaltspunkte, wieviel Bewegung Ihr Labrador in seinen verschiedenen Entwicklungsphasen benötigt und wie lange er sich bei etwaigen Erziehungsübungen konzentrieren kann. Sie müssen aber selbst merken, wenn Ihr Hund unaufmerksam wird, wenn er müde oder erschöpft wirkt, und dann sofort abbrechen.
Soll Ihr Labrador Sie auf Fahrradtouren begleiten, dürfen Sie kein zu schnelles Tempo vorlegen. Der Hund muß gemütlich traben können, um längere Zeit mitzuhalten. Für rasante und sehr lange Fahrten wählen Sie besser eine andere Rasse.
Dafür ist der Labrador ein vergnügter und passionierter Begleiter beim Skilanglauf, ein begeisterter und ausdauernder Schwimmpartner und ein idealer Gefährte auf Wanderwegen.

Mit Frauchen zu joggen macht auch dem Labrador Spaß, allerdings nur, wenn er dabei nicht überfordert wird

Apportieren – das Lieblingsspiel des Labradors

Als ursprünglich für die Apportierarbeit bei der Jagd gezüchtete Rasse wird jeder Labrador schon als Welpe alle möglichen Gegenstände ins Maul nehmen und herumschleppen. Wenn Sie vorhaben, Ihren Hund später bei Leistungsprüfungen antreten zu lassen, dürfen Sie jetzt keine Fehler machen. Bereits der Welpe sollte unterscheiden lernen, was „Spielzeug" und was ein „Apportiergegenstand" ist. Und er muß lernen, Apportiergegenstände auf Ihr „Aus" hin wieder herzugeben, und zwar unzerquetscht (s. auch S. 47).

Damit er niemals den Spaß am Apportieren verliert, „arbeiten" Sie, bis der Labrador etwa 9 Monate alt ist, höchstens zwei- bis dreimal täglich mit ihm und niemals längere Zeit. 5 Minuten üben überfordert den jungen Hund nicht, wenn er vorher oder

Solche Dummy-Säckchen werden im Fachhandel für die Apportierausbildung angeboten

nachher Erholung bzw. freie Bewegung hat und wenn er diese Lernminuten immer mit einem Erfolgserlebnis verbinden kann.

Wichtig:
Zerren Sie nicht, und lassen Sie sich niemals auf ein Raufspiel ein, wenn Sie Ihrem Labrador seine „Beute" abnehmen.

Wenn der junge Hund sich mit einem Spielzeug im Maul selbst beschäftigt, dieses kräftig schüttelt oder zerkaut, ignorieren Sie das, und rufen Sie ihn nicht zu sich.

Für den Apportierunterricht wählen Sie einen weichen Gegenstand wie

Bis Herrchen das Kommando zum Apportieren gibt, heißt es stillsitzen. Erst dann stürmt der Hund los und bringt den Dummy

einen mit Heu gefüllten alten Socken, einen ausgedienten Hausschuh, einen weichen Spielball oder ein Dummy-Säckchen, das von den Labrador-Vereinen angeboten wird. Lassen Sie den Hund neben sich absitzen, und zeigen Sie ihm sein „Bringsel". Damit es für ihn begehrenswert ist, beschäftigen Sie sich selbst damit, und sorgen Sie dafür, daß es Ihren Eigengeruch annimmt, indem Sie es einige Male in der Hand reiben. Werfen Sie es dann nicht allzuweit weg, und rufen Sie dabei anspornend „Apport" oder „Brings mir".

Der Labrador, der jetzt nicht hinterhersaust, muß noch geboren werden! Er wird seine Beute auch sofort fassen. Im selben Augenblick rufen Sie ihn zu sich, freundlich und begeistert. Wenn er nicht kommt, sondern zögert oder mit seiner Beute wegläuft, drehen Sie sich um und gehen weg, wobei Sie noch einmal nach ihm rufen. Kommt er mit seiner Beute, streicheln Sie ihn, loben ihn, und gleichzeitig mit Ihrem „Aus" entziehen Sie ihm sein Bringsel.

Läßt er auf dem Weg zu Ihnen die Beute fallen, müssen Sie ihn auch loben und streicheln, sollten aber die Übung wiederholen und den Gegenstand nicht so weit werfen.

Fast alle Labradore entwickeln sich zu begeisterten Ballspielern und Apportierhunden, und die Spiele lassen sich beliebig ausbauen; z.B., indem Sie vor dem Apportieren den Hund sein Bringsel suchen lassen.

Suchen macht auch Spaß

Wenn Ihr Labrador ganz heiß auf sein Bringsel ist, können Sie dieses auch verstecken. Beim ersten Mal lassen Sie den Hund sich setzen, zeigen ihm den Ball, heißen ihn „Bleib" und laufen ein paar Meter, um den Ball irgendwo hinzulegen. Jetzt rufen Sie den Hund zu sich und spornen ihn mit einem aufmunternden „Such" an. Hat er den Ball gefunden, loben Sie ihn begeistert, sagen „Aus" und nehmen ihm sein Bringsel ab. Brechen Sie dann ab, oder lassen Sie ein Wurfspiel mit Apport folgen. Später, wenn der Hund genauso begeistert sucht wie er apportiert, legen Sie den Ball außerhalb seiner Sichtweite oder während seiner Abwesenheit unter einen Busch oder in ein Grasbüschel, und rufen Sie später, wenn Sie in der Nähe des Versteckes sind, „Such". Gleichzeitig reduzieren Sie Ihr Lauftempo, damit der Hund den Eindruck bekommt, Sie suchten auch.

Wichtig:
Vergessen Sie nie, den Hund für jedes Finden und Bringen zu loben.

Der Labrador und das Wasser

Wasser zieht jeden Labrador magisch an, er plantscht nicht nur gern, sondern schwimmt zügig und gut – bei jeder Temperatur. Die Bewegung im Wasser fördert seine Gesundheit und kräftigt die Skelettmuskulatur. So oft wie möglich sollten Sie Ihrem Hund also die Möglichkeit dazu bieten. Gehen Sie anfangs mit ihm ins Wasser, schwimmen Sie neben ihm her,

Ein Labrador in seinem Element

Auch der kleinste Gartenteich ist vor dem wasserliebenden Labrador nicht sicher

und zeigen Sie ihm deutlich, daß Ihnen das Spaß macht. Später können Sie ein schwimmendes Bringsel, einen kleinen Wasserball, ein hölzernes Stöckchen u.a. – anfangs nicht zu weit – vom Ufer aus ins Wasser werfen und „Apport“ oder „Brings mir“ rufen. Warten Sie am Ufer, bis der Hund an Land ist; dann soll er sich setzen, und nehmen Sie ihm die Beute ab.
Noch eine Variante, die allerdings nur in ruhigen Gewässern möglich ist: Verstecken Sie ein Bringsel in Ufernähe oder an einer Boje auf der Wasseroberfläche, und lassen Sie den Hund suchen. Ein dickes Lob folgt, wenn er fündig wurde.

Die Pflege

Fellpflege

Das kurze, wasser- und wetterunempfindliche Fell braucht eigentlich gar keine Pflege. Aus pädagogischen (Fellpflege ist eine gute Unterordnungsübung und fördert das Zusammengehörigkeitsgefühl) oder aus ästhetischen Gründen können Sie Ihren Hund natürlich einmal pro Woche bürsten, kämmen oder mit einem Striegelhandschuh bearbeiten. Lassen Sie ihn sich hinsetzen oder -legen, und bürsten Sie das Haarkleid immer in Richtung des natürlichen Striches.

Unser Tip

Nach dem Schwimmen oder einem Spaziergang im Regen rubbeln Sie ihn mit einem Frottiertuch gründlich ab – das erspart Ihnen den etwas aufdringlichen Geruch des feuchten Fells.

Ist das Fell einmal schmutzig geworden, z.B. nach einem Spaziergang auf matschigem Untergrund, waschen Sie den Hund am besten mit einem feuchten Lappen ab und frottieren ihn anschließend trocken.

Obwohl sein kurzes Fell keiner intensiven Pflege bedarf, genießt es Ihr Labrador bestimmt auch, gebürstet zu werden

Keinesfalls sollten Sie den Labrador unnötig baden – jedes Shampoo zerstört die natürliche Schutzschicht des Haares gegen Feuchtigkeit und Schmutz – es kann brüchig und glanzlos werden. Lediglich auf tierärztliche Anordnung hin oder wenn schädliche Stoffe ins Fell gedrungen sind, ist ein Bad (mit Spezialshampoo) empfehlenswert.

Augen- und Ohrenpflege

Die Augen können Sie bei der Fellpflege mit prüfen. Schmutzpartikel in den Tränenwinkeln entfernen Sie mit einem Wattebausch, den Sie mit lauwarmem Wasser anfeuchten.

Die Ohren sollten ungefähr alle 4 Wochen einmal mit einem feuchten Wattebausch gesäubert werden. Heben Sie dazu den Ohrlappen an, und wischen Sie kurz über die offenliegende Ohreninnenseite. Mit Wattestäbchen im Innenohr zu hantieren, ist gefährlich und absolut nutzlos. Eingedrungende Fremdkörper zu entfernen, sollten Sie unbedingt dem Tierarzt überlassen.

Krallenpflege

Bei einem Labrador, der ausreichend bewegt wird und dabei sowohl auf hartem wie auch auf weichem Boden läuft, ist Krallenpflege überflüssig. Trotzdem kann es passieren, daß die Krallen zu stark wachsen und gekürzt werden müssen. Bei hellen Labrador-Retrievern ist das kein Problem, doch die schwarzhaarigen haben auch dunkle Krallen, bei denen sich das tote Horn nicht von den durchbluteten Krallenteilen unterscheiden läßt.

Unser Tip

Bevor Sie sich selbst an das Kürzen der Krallen wagen, lassen Sie sich am besten zunächst einmal vom Tierarzt zeigen, wie es geht.

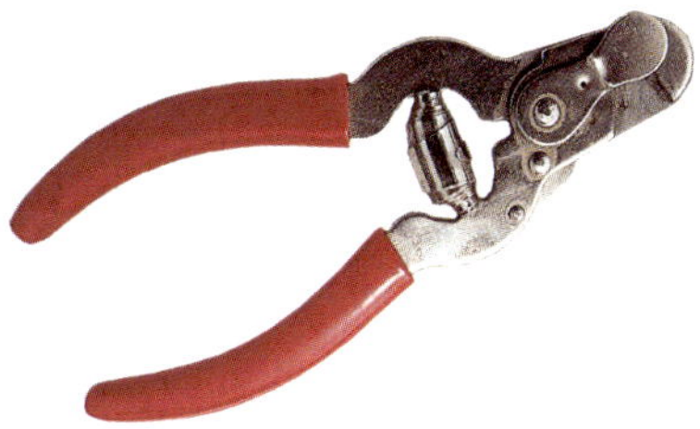

Krallenschere

Sie müssen deshalb beim Kürzen millimeterweise vorgehen, um den Hund nicht zu verletzen. Zum Krallenkürzen am besten geeignet sind scharfe Guillotinescheren, deren Klingen sich ringförmig um die Kralle legen und diese auf leichten Druck kappen (s. Abb. oben).

Wohin mit dem Hund in der Urlaubszeit?

Als Rudeltier will jeder Hund, auch der Labrador, rund um die Uhr mit seinen Menschen zusammensein – auch im Urlaub. Wie Umfragen bestätigen, unternehmen auch tatsächlich über 90% der Hundebesitzer in den Ferien nichts ohne ihren Vierbeiner.

Doch in einige Länder kann oder sollte man einen Hund nicht mitnehmen. So besteht zum Beispiel Großbritannien auf 6 Monate Quarantäne, bevor ein Hund einreisen darf. Bei längeren Flugreisen in andere Kontinente müssen große Hunde wie der Labrador die Flugzeit im Frachtraum in einer Transportbox verbringen, was Organismus und Psyche erheblich belastet. Und schließlich ist es auch nicht ungefährlich, den Hund mit in die Tropen zu nehmen, denn sein Immunsystem ist gegen die dortigen Krankheitserreger nicht gewappnet. Hat er Sie auf einer Reise in tropische Regionen begleitet, sollten Sie ihn nach dem Urlaub auf jeden Fall vom Tierarzt gründlich untersuchen zu lassen (Blut, Kot, Urin, Haut), um dem möglichen späteren Ausbruch der Krankheit vorzubeugen.

Verreisen ohne Hund

Besonders der anhängliche Labrador leidet sehr unter der Trennung von seiner Familie. Läßt es sich nun aber einmal nicht einrichten, daß er Sie begleitet, so sollten Sie ihn für die Zeit Ihres Urlaubs keinesfalls leichtfertig irgendwo abgeben.

Wichtig:
Bedenken Sie immer, daß der Hund eine Situation als unabänderlichen Zustand begreift, er „weiß“ nicht, daß die Trennung nur vorübergehend ist!

Wer seinen Hund liebt, der kann seinem bittenden Blick nicht widerstehen – er nimmt ihn mit, wann immer es geht

Am besten ist es, ihn bei Bekannten oder Verwandten unterzubringen, die er bereits kennt.
Auch viele Züchter erklären sich bereit, aus ihrer Zucht stammende Hunde während Notsituationen oder in den Ferien zu betreuen. Weil Sie dort sicher sein können, daß Ihr Labrador bei erfahrenen Menschen lebt, ist eine solche Regelung ebenfalls empfehlenswert.
Schließlich gibt es noch die Dogsitter, Leute, die selbst keinen Hund haben dürfen oder wollen, dafür aber jederzeit bereit sind, ein Tier in Pflege zu nehmen. Solche Dogsitter übersiedeln entweder während Ihres Urlaubs in Ihre Wohnung, oder sie nehmen den Hund bei sich zu Hause auf. Dog-Sitter finden Sie über Ihr Zoofachgeschäft, den Tierarzt, eine Kleinanzeige in Ihrer Tageszeitung oder über Hundefachzeitschriften.
Das Tierheim oder eine Hundepension sollten die letzte Adresse sein, an die Sie sich wenden. Dort hat Ihr Hund nie den für ihn so wichtigen engen Kontakt zu Menschen – zur fremden Umgebung kommt dann noch das Gefühl, völlig verlassen worden zu sein.
Gibt es tatsächlich keine Alternative, so statten Sie der Pension oder dem Tierheim unbedingt vorher einen

Besuch ab, bei dem Sie sich genau über die Gegebenheiten informieren (haben die Hunde Auslauf, Ansprache und eine Bezugsperson?) und die Details (gewohntes Futter, Decke oder Schlafkorb) besprechen. Meistens sind solche Hundehotels oder die Ferienboxen der Tierheime während der klassischen Urlaubszeit überbucht, so daß Sie Ihren Vierbeiner frühzeitig anmelden sollten.

Unser Tip

Um sicherzugehen, daß der Hund sich bei der jeweiligen Person auch wohlfühlt, sollte man die beiden rechtzeitig miteinander bekannt und vertraut machen.

Mit dem Hund verreisen

In jedem Fall ist das Zuhausebleiben des Hundes die zweitbeste Lösung. Im Idealfall macht der Labrador den Urlaub mit.

Damit nichts schiefgeht, fragen Sie vor dem Buchen, ob Hunde im Hotel, der Ferienwohnung oder auf dem Campingplatz erlaubt sind. Es gibt inzwischen (vor allem in Österreich) eine ganze Reihe von Ferienquartieren, die Ihren Vierbeiner nicht nur willkommen heißen, sondern auch Sitterdienste (wenn Sie ins Theater oder zum Essen gehen) und sogar Unterricht und eigene Auslaufplätze anbieten.

Der Labrador ist zwar ein wetterfester Hund, doch Durchschnittstemperaturen um 35° C belasten seinen Organismus stark. Besser sind Urlaubsgebiete mit gemäßigtem Klima bzw. Ferien im Frühjahr, Herbst oder Winter. Über eine Möglichkeit zum Schwimmen freut sich Ihr Labrador natürlich auch im Urlaub. Hier hat Frankreich eine „Marktlücke“ entdeckt. Bei der dortigen Tierschutzorganisation gibt es eine Liste mit Stränden, an denen Hunde gern gesehen sind. Auch das österreichische

Nicht nur wegen des Vierbeiners sollten Sie auf der Fahrt zum Urlaubsziel öfter mal eine Pause einlegen

Checkliste *Urlaubsgepäck für den Hund*

- *Impfpaß*
- *Futter- und Wasserschale*
- *Schlafdecke*
- *Leine und Halsband*
- *Futtervorrat/Leckerbissen*
- *Lieblingsspielzeug*

Fremdenverkehrsamt verschickt kostenlos eine Broschüre „Urlaub mit dem Hund in Österreich", in der Sie Bergtouren, Plätze an Seen und Flüssen finden, wo Ihr Vierbeiner nach Herzenslust herumtoben darf. Bergwanderungen macht der erwachsene Labrador natürlich genauso gern mit wie Skilanglaufrouten oder Ferien am Wasser. Nur überanstrengen sollten Sie ihn nicht. Genau wie Sie muß er sich erst an das fremde Klima und an die (wahrscheinlich) ungewohnte Belastung gewöhnen.

Bevor Sie schließlich mit Ihrem Vierbeiner in den ersehnten Urlaub aufbrechen, vergessen Sie nicht, alles Nötige für ihn einzupacken (s. Checkliste oben).

Unser Tip

Autofahrten im Sommer treten Sie am besten sehr früh morgens oder sehr spät abends an, damit die Mittagshitze nicht die Temperaturen im Wagen hochtreibt. Der Labrador leidet unter starker Hitze – erst recht im Auto. Wenn er heftig hechelt, sollten Sie eine Pause an einem kühlen Ort einlegen, den Hund ein bißchen herumführen und ihm frisches Wasser anbieten.

Der alte Labrador

10 bis 12 Jahre, bei guten Erbanlagen (das Alter ist auch genetisch bedingt) und entsprechender Pflege auch 15 Jahre kann ein Labrador heute alt werden. Ab etwa seinem siebten Geburtstag zählt er zu den älteren Herrschaften. Seine Aktivitätszeiten werden kürzer, und er legt mehr Ruhepausen ein. Schnelle Bewegungen, Treppensteigen, Hitze und falsche Fütterung machen ihm jetzt deutlich zu schaffen. Sie sollten die Ernährung wieder auf die der Jugendzeit umstellen und ihm lieber dreimal am Tag kleine Portionen anstelle nur einer einzigen großen Mahlzeit anbieten.

Nach jeder Wasserpartie rubbeln Sie Ihren Hund jetzt grundsätzlich trocken, und statt einmal jährlich ist eine halbjährliche Kontrolluntersuchung beim Tierarzt ratsam. So können Sie Krankheiten, die im Alter zunehmend auftreten, eher in den Griff bekommen: Der Star in den Augen, Nierenentzündungen oder kleine Geschwülste, arthritische Erkrankungen und vor allem Gebißmängel lassen sich heute behandeln und teilweise heilen.

Falls Ihr Labrador an Krebs oder einer sonstigen unheilbaren Krankheit lei-

Ein alter Labrador – erkennbar an seiner weißen Schnauze. Bei sehr alten Exemplaren ist das Fell auf dem ganzen Kopf, dem Rücken und an den Pfoten grau

Unser Tip

Ein alter Labrador verbraucht nicht mehr soviel Kalorien wie ein junger, deshalb sollten Sie jetzt noch stärker als bisher auf sein Gewicht achten. Übergewicht schädigt Herz und den Kreislauf und macht den Hund anfällig für Krankheiten.

Im Alter braucht Ihr Hund besonders aufmerksame Pflege und viel Zuwendung

det, sollten Sie ihm die Schmerzen und Qualen der letzten Tage unbedingt ersparen. Beraten Sie sich mit Ihrem Tierarzt, und bitten Sie ihn, Ihren Hund im eigenen Heim einzuschläfern. Dort fühlt er sich geborgen und gerät nicht noch in den letzten Stunden in Panik. Der Tierarzt wird ihm eine Beruhigungs- und Schlafspritze geben, die ihn langsam in die Bewußtlosigkeit fallen läßt, in der er die letzte kreislaufstoppende Spritze nicht mehr spürt.
Wenn Sie Ihren Hund begraben wollen, können Sie das im eigenen Garten tun oder ihn im nächstgelegenen Tierfriedhof bestatten bzw. in einem Tierkrematorium verbrennen lassen. Auch der Tierarzt wird Ihren Hund auf Wunsch mitnehmen.

Der Labrador auf Ausstellungen und bei Prüfungen

Nationale und internationale Ausstellungen

Wenn Sie mit Ihrem Hund züchten wollen, kommen Sie um den Besuch von Ausstellungen nicht herum, denn ein Richtergremium muß die Zuchttauglichkeit Ihres Hundes bestätigen. Man unterscheidet verschiedene Formen von Ausstellungen, die von den Vereinen organisiert werden:

- Allgemeine Rassehundeschauen sind solche, bei denen Hunde aller Rassen sich um nationale Titel ihres Dachverbandes (z. B. VDH) bewerben.
- Internationale Rassehundeschauen vergeben – für alle Hunderassen – internationale Schönheitstitel.

Ein Labrador im Vorführring

Die Titelanwartschaften sind das CAC (Certificat d'apitude au Championat), also die Anwartschaft auf einen nationalen Championtitel bzw. das CACIB (Certificat d'apitude au Championat Internationale de Beauté), also eine Anwartschaft auf einen internationalen Championschönheitstitel.
Es gibt strenge Regelungen auf dem Weg zum Internationalen Champion. Der Hund muß zuerst einmal drei CACs und danach zwei CACIBs unter verschiedenen Richtern auf Ausstellungen in zwei verschiedenen Ländern errungen haben, bevor er zur vollendeten Schönheit gekürt werden kann.
Die Ausstellungsrichter bewerten vor allem die Ähnlichkeit mit dem Rassestandard (s. S. 10), der das Erscheinungsbild und das Wesen des idealen Labradors beschreibt. Dieser Standard wird von der FCI, der internationalen Dachorganisation der meisten europäischen Hundevereine veröffentlicht. Die FCI (Fédération Cynologique Internationale) hat ihren Sitz im französischsprachigen Belgien, weshalb die Ausstellungskürzel auch für französische Begriffe stehen.
Wer Interesse an solchen Ausstellungen hat, muß in jedem Fall Vereinsmitglied werden und kann dann an allen von diesem Verein, seiner

Da auf Ausstellungen auch das Gebiß kontrolliert wird, sollte man das „Zähnezeigen" mit dem Hund schon vorher üben

Dachorganisation oder der FCI veranstalteten Ausstellungen teilnehmen. Die Ausschreibungen für solche Ausstellungen und die jeweiligen Bedingungen verschicken die Vereine bzw. sind in deren Vereinszeitschriften aufgeführt.
Zusätzlich können Sie mit Ihrem Labrador auf Spezialzuchtschauen gehen, die die verschiedenen Retrieverclubs veranstalten. Auch dort werden Zuchttauglichkeitstitel vergeben.

Prüfungen

Bei den verschiedenen Prüfungen, die von den Clubs und Verbänden angeboten werden, kann der Hund seine Anlagen und erlernten Fähigkeiten unter Beweis stellen. Eine Übersicht der angebotenen Prüfungen finden Sie in folgender Tabelle.

Auch vor der Jagdgebrauchsprüfung heißt es üben, üben, üben!

Prüfungen in Deutschland
Begleithundeprüfung: Hier soll der Hund zeigen, daß er gut erzogen ist. Die Prüfung umfaßt die Disziplinen Leinenführigkeit, Freifolgen, Herankommen, Ablegen, Apportieren, Schußfestigkeit und Verkehrssicherheit.
Bringleistungsprüfung: Dabei werden Zuchttauglichkeit, natürliche Anlagen und Fähigkeiten des Hundes für die Verwendung bei der jagdlichen Arbeit nach dem Schuß geprüft. Die Prüfung umfaßt Feldarbeit, Waldarbeit, Wasserarbeit, Gehorsam und Apportieren.
Jagdgebrauchsprüfung: Zusätzlich zu den Aufgaben bei der Bringleistungsprüfung muß der Hund hier noch seine Fähigkeiten bei der Verlorensuche nach abgeschossenem Wild unter Beweis stellen.
Dr. Heräus-Prüfung: Zu dieser Prüfung werden nur Hunde nach bestandener Bringleistungs- und Jagdgebrauchsprüfung zugelassen. Geprüft werden Haarwildschleppe, Einweisen auf zwei Stück Federwild, Verlorensuche aus tiefem Schilfwasser, Einweisen auf ein Gewässer mit Schwimmspur, Bringen.

Die Gesundheit

Kein noch so verantwortungsvoller Hundehalter kann sein Tier umfassend vor Erkrankungen schützen. Doch im täglichen Umgang mit dem Vierbeiner kann man bereits durch die richtige Pflege vielen Krankheiten vorbeugen:

- Eine gesunde, ausgewogene Ernährung und viel Bewegung sorgen nicht nur für eine funktionierende Verdauung, sondern fördern auch die allgemeine Konstitution des Hundes. Durch eine gute Ernährung werden zudem die Zähne gesund erhalten. Die regelmäßige Gabe von weichen Kalbsknochen und speziellen Kauknochen vermindert die Gefahr von Zahnsteinbefall und Zahnfleischentzündungen.
- Bei einer regelmäßigen Fellpflege werden Parasitenbefall und Hautveränderungen frühzeitig bemerkt und können schnell behandelt werden.
- Die regelmäßige Reinigung der Ohren schützt den Hund vor Ohrenentzündungen und Parasitenbefall.

Wichtig:
Gesundheitsvorsorge fängt im Alltag an! Deshalb gilt: Der Tierarzt kann helfen, vorbeugen müssen Sie selber!

Infektionskrankheiten

Schutzimpfungen

Durch einen umfassenden Impfschutz kann man heute verhindern, daß der Hund an Infektionskrankheiten wie Tollwut, Staupe, Zwinger- oder Virus-

Impfplan

Erstimpfung (Grundimmunisierung)	8. Lebenswoche	Impfung gegen **Staupe, Hepatitis c.c., Parvovirose** und **Leptospirose.** Ist die Impfung beim Züchter erfolgt, auf entsprechende Eintragungen im Impfpaß achten!
	12. Lebenswoche	Impfung wie oben oder mit zusätzlichem Schutz gegen **Tollwut**
1. Wiederholung	nach 1 Jahr	gegen alles plus **Tollwut**
Weitere Wiederholungen	jährlich	**Tollwut, Leptospirose**
	alle 2 Jahre	**Staupe, Hepatitis c.c., Parvovirose**

In Sonderfällen, etwa bei kranken oder verletzten Hunden, besonderer Infektionsgefahr oder anderem, wird der Tierarzt den Plan entsprechend ändern.

husten, Parvovirose, Hepatitis oder Leptospirose erkrankt. Der Impfschutz wird im Rahmen der ersten Impfungen systematisch aufgebaut und anschließend jährlich mit einer Kombinationsimpfung aufgefrischt.

Wichtig:
Nur wenn die Impfungen nach Plan und regelmäßig durchgeführt werden, ist der Schutz des Tieres gesichert.

Unser Tip

Vergessen Sie nicht beim Kauf Ihres Welpen, sich vom Züchter den Impfpaß für den Kleinen aushändigen zu lassen.
Bei einem 8–10 Wochen alten Welpen muß bereits die Grundimmunisierung erfolgt, also auch im Impfpaß eingetragen sein.

Toxoplasmose und Aujeszkysche Krankheit

Gegen beide Erkrankungen gibt es keinen Impfschutz. Während die Toxoplasmose mit Antibiotika behandelt werden kann, ist die Aujeszkysche Krankheit bis heute nicht heilbar und verläuft immer tödlich.
In beiden Fällen stellt rohes Schweinefleisch die Infektionsquelle dar. Danach sollten Sie dem Hund grundsätzlich nur gekochtes Schweinefleisch anbieten.

Die regelmäßige Kontrolle des Hundekots gehört mit zu einer verantwortungsvollen Gesundheitsvorsorge für Ihren Vierbeiner

Parasiten

Würmer

Leidet der Labrador unter Wurmbefall, so handelt es sich in der Regel um *Spulwürmer.* Bei sehr starkem Befall sind sie im Kot des Hundes als ca. 10 cm lange und 2–3 mm dicke Fäden zu erkennen.
Auch *Bandwurmbefall* können Sie bei der Kontrolle des Kots feststellen. Reife Bandwurmglieder werden mit dem Stuhl abgesetzt und sind dann als reiskorn- oder grießkornähnliche Gebilde sichtbar. Wenn der Hund trotz ausreichender Nahrungsaufnahme abmagert und/oder auf dem Hinterteil rutscht (Schlitten fährt), kann dies ebenfalls auf einen Bandwurmbefall hindeuten. Gegen Bandwürmer helfen die herkömmlichen Wurmmittel nicht, doch es gibt heutzutage sehr wirksame Spezialpräparate.
Da alle auf dem Markt befindlichen Wurmmittel für den Hund zwar unbedenklich sind, aber dennoch eine Belastung darstellen, sollten Sie Ihren Vierbeiner nicht prophylaktisch, sondern nur bei Wurmbefall behandeln lassen. Lediglich Welpen – sie sind besonders häufig von Spulwürmern befallen – werden gewöhnlich bereits beim Züchter einer prophylaktischen Wurmkur unterzogen.

Flöhe

Fallen beim Durchkämmen des Hundefells kaffeesatzähnliche Körnchen zu Boden, so ist dies ein Anzeichen dafür, daß Ihr Labrador Flöhe hat. Bei den Krümeln handelt es sich nämlich höchstwahrscheinlich um Flohkot.
Für die Behandlung bei Flohbefall können Sie

- spezielle Halsbänder,
- spezielle Tropfen, die auf den Nacken des Hundes gegeben werden,
- Tabletten verwenden.

Sowohl die Tropfen als auch entsprechende Tabletten wirken von innen, also über das Blut des Hundes (systemisch).
Flohbefall gilt es auf jeden Fall umgehend zu bekämpfen, da der Floh Überträger vieler Krankheiten ist. So kann ein infizierter Floh z.B. den für den Menschen sehr gefährlichen Bandwurm *(Echinococcus granulosus)* auf den Hund übertragen.
Selbstverständlich müssen Sie auch den Schlaf- und Liegeplatz Ihres Labradors „entflohen". Dies schaffen Sie am besten durch häufiges nasses Aufwischen, bzw. durch Staubsaugen und durch wiederholtes Waschen der Hundedecke.

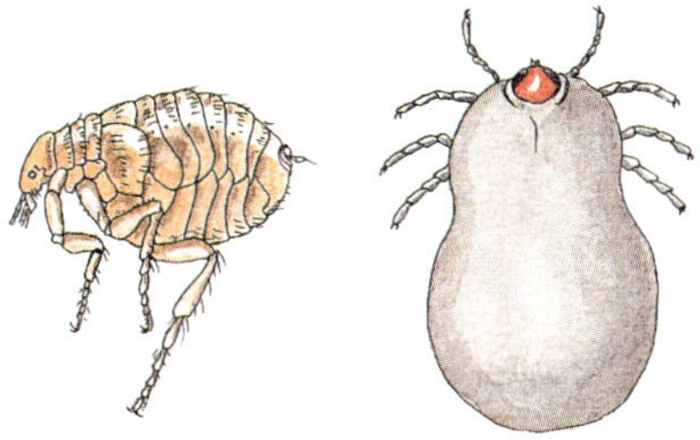

Hundefloh und vollgesogene Zecke

Zecken

Zecken sollten Sie unbedingt entfernen. Hierfür bietet sich eine eine spezielle Zeckenzange an, die Sie im Fachhandel oder bei Ihrem Tierarzt erwerben können (s. Abb.). Vermeiden Sie aber, mit sogenannten Hausmitteln an die Sache heranzugehen. Wird eine Zecke nicht komplett entfernt und bleibt der Kopf des Schädlings in der Haut sitzen, kann es zu schweren und schmerzhaften Entzündungen kommen.

Zeckenzange

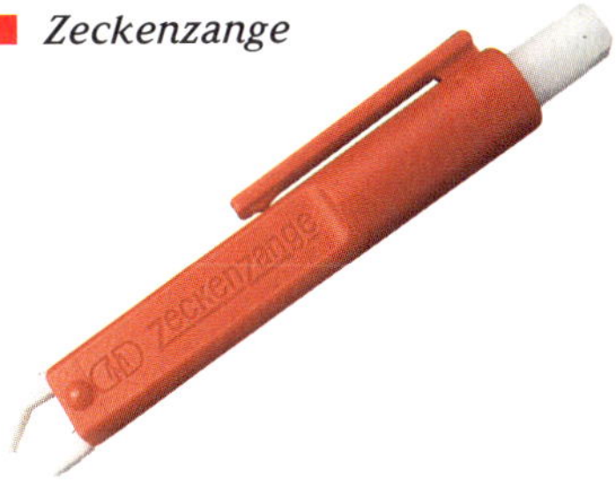

Häufige Krankheitssymptome

Jede Abweichung vom normalen Verhalten des Hundes sollte den Hundehalter aufmerksam machen, egal ob der Labrador zuviel oder zuwenig frißt und trinkt, ob er hinkt oder nur müde und abgeschlagen wirkt, ob er häufiger oder seltener Kot und Harn absetzt, ob er bei Berührung Schmerzreaktionen zeigt oder bestimmte Körperteile schont. Ebenso sollten körperliche Veränderungen wie ein aufgeblähter Bauch, rapide Gewichtszu- oder -abnahme und Rötungen beachtet werden. Die Tabelle auf S. 80–81 gibt einen Überblick über häufige Krankheitssymptome, nennt die sich möglicherweise dahinter versteckende Krankheit und zeigt Maßnahmen auf, die Sie als Hundehalter im jeweiligen Fall ergreifen sollten.

Fieber

In vielen Fällen wird auch ein sehr ernstzunehmendes Symptom vom Hundehalter nicht sogleich bemerkt - das Fieber. Fieber erkennt man an trockenem Nasenspiegel, warmen Ohren und glanzlosen Augen des Hundes. Überprüfen Sie bei Verdacht die Körpertemperatur Ihres Labradors mit einem gängigen Fieberthermometer, sie liegt beim gesunden Hund zwischen 37,5 und 38,5° C und wird am besten mit einem gefetteten Fieberthermometer rektal, d.h. im After gemessen.

Wichtig:
Beachten Sie, daß die Körpertemperatur nach Bewegung, am Abend und bei Jungtieren etwas höher liegt.

Hat Ihr Labrador Fieber, sollten Sie einen Tierarzt aufsuchen, denn eine erhöhte Temperatur ist stets ein Warnsignal des Körpers, das es zu beachten gilt.

Bei Übelkeit fressen Hunde Gras als Brechhilfe

Häufige Krankheitssymptome und ihre Ursachen		
Krankheitssymptom	*mögliche Ursachen*	*Was ist zu tun?*
Erbrechen		
einmalig		nichts (kein Grund zur Beunruhigung)
anhaltend	Vergiftung; Infektionskrankheiten; Verschluß des Verdauungsweges durch Fremdkörper; Magendrehung	umgehend Tierarzt aufsuchen
wiederholt	falsche Fütterung; nervöse Störungen	Tierarzt aufsuchen
Durchfall		
Befinden des Hundes ansonsten gut		1 Fastentag, anschließend 1–2 Tage leichte Kost (Fisch oder Huhn, gekocht; Tee mit Honig)
Allgemeinbefinden schlecht und/oder Durchfall blutig	Vergiftung; Infektionskrankheiten	umgehend Tierarzt aufsuchen
Futterverweigerung		
1 Tag		nichts bzw. Futterqualität überprüfen
über mehrere Tage	s. Ursachen „Erbrechen/ wiederholtes"; Gebärmutterentzündung	Tierarzt aufsuchen

Häufige Krankheitssymptome und ihre Ursachen		
Krankheitssymptom	*mögliche Ursachen*	*Was ist zu tun?*
übermäßiger Durst		
(außer infolge hoher Außentemperaturen, gewürzter Nahrung oder vermehrter Bewegung)	Nierenerkrankung; Diabetes; Gebärmutterentzündung	Tierarzt aufsuchen
Störungen im Bewegungsablauf		
nach Herumtoben	Zerrung; Prellung; Muskelkater	den Hund beobachten, falls die Symptome nicht abklingen zum Tierarzt
spontan ohne äußere Einwirkungen	Erkrankung der Muskeln, Knochen, Sehnen oder Nerven; Rheuma	Tierarzt aufsuchen
Juckreiz oder Haarausfall		
im Afterbereich	Wurmbefall; verstopfte Afterdrüsen	Kot auf Würmer kontrollieren, Tierarzt aufsuchen
im Schwanzwurzelbereich oder nicht lokal begrenzt	Flohbefall; Allergien; Milbenbefall; Hormonstörungen; Wunden, die zu einem Juckekzem geführt haben	auf Flohbefall untersuchen, sind Flöhe nicht die Ursache, Tierarzt aufsuchen

Angeborene Krankheiten

Hüftgelenksdysplasie (HD)

Kaum eine Krankheit ist unter Labradorfreunden so im Gespräch wie die HD. Es handelt sich dabei um eine krankhafte Veränderung des Hüftgelenks. Das Hüftgelenk setzt sich aus der Gelenkpfanne des Beckens und dem Kopf des Oberschenkelknochens (Femurkopf) zusammen. Er ist im Falle einer HD mißgebildet, wodurch die Funktion des Hüftgelenks stark beeinträchtigt wird. Es kann zu einem schwankenden Gang, Bewegungsunlust, Schwierigkeiten beim Aufstehen und letztlich zu starker Lahmheit kommen.

Die Verformung des Femurkopfes ist vermutlich eine Erbkrankheit, die die Züchter trotz großer Anstrengungen bisher nicht in den Griff bekommen konnten.

Die Diagnose HD kann erst im Alter von 1 Jahr durch eine Röntgenuntersuchung sicher gestellt werden. Je nach Schweregrad wird die HD in 5 Stufen eingeteilt.

Wichtig:

Bei der Anschaffung eines Labradors sollten Sie sich vom Züchter belegen lassen, ob und in welcher Form HD bei den Vorfahren in der Zuchtlinie aufgetreten ist. Allerdings kann auch

Gesundes Hüftgelenk (Abb. links), Hüftgelenk mit Dysplasie (Abb. rechts)

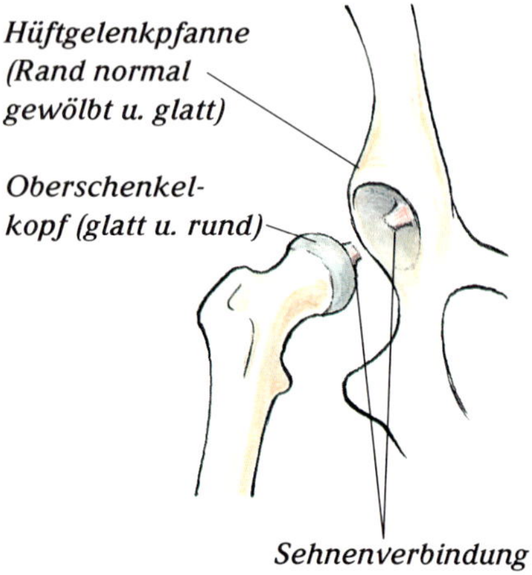

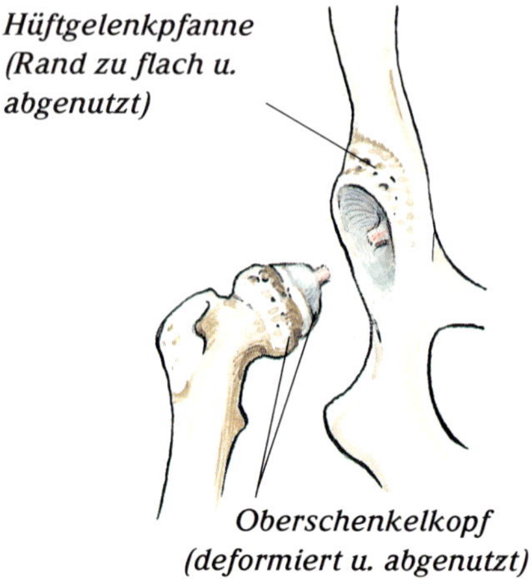

Übersicht: Schweregrade der HD	
0	HD frei bzw. kein Hinweis auf HD
1	Übergangsform, d. h. geringe, gerade noch erfaßbare Veränderungen
2	leichte HD
3	mittlere HD
4	schwere HD

eine Zucht mit HD-freien Elternteilen keine absolut gesunden Nachkommen garantieren.

Die Entscheidung, wie und in welcher Form einem HD-kranken Labrador zu helfen ist, trifft Ihr Tierarzt in Abhängigkeit von der Schwere und des Stadiums der Veränderungen. Neben spezieller Pflege, Fütterung und Haltung können auch chirurgische Eingriffe vorgenommen werden.

Osteochondrosis dissecans

Osteochondrosis dissecans bezeichnet das Absterben (Nekrose) des Gelenkknorpels. Der Teil des Knochens, der zum Gelenk gehört, wird von einer Knorpelschicht, dem sogenannten Gelenkknorpel überzogen. Dieser wird nur bei Jungtieren im Wachstum durch eigene Blutgefäße versorgt. Beim ausgewachsenen Hund wandern die benötigten Nährstoffe vom anliegenden Knochengewebe in den Knorpel ein.
Wird die Durchblutung gestört oder löst sich der Knorpel vom Knochen, kommt es zu einer Mangelernährung und damit zu einem Absterben des Knorpels. Eine solche Schädigung kann im Schulter-, Ellenbogen-, Hüft- oder Sprunggelenk auftreten. Die dadurch verursachte Lahmheit tritt meist bei Jungtieren unter 1 Jahr auf. Es wird vermutet, daß diese Erkrankung erblich ist.
Die weiteren Einflußfaktoren sind sehr unterschiedlich: Starkes Wachstum bei wohlgenährten Junghunden verbunden mit mechanischer Belastung bei heftigen Bewegungen sowie

eine fehlerhafte Ernährung des Tieres (Mineralstoff- und Vitamin-D-Mangel) können dabei ebenso eine Rolle spielen wie bestimmte körperliche Merkmale. So erkranken beispielsweise großwüchsige Rassen mit breitem Brustkorb häufiger. Es wird vermutet, daß das Knochenwachstum mit der Gewichtszunahme nicht Schritt halten kann, die mechanische Belastung der Gelenke zu groß wird und dadurch die versorgenden Blutgefäße zerstört werden. Im Falle eines abgelösten Knorpels können die Nährstoffe nicht mehr vom Knochen in den Knorpel übergehen. In beiden Fällen führt das Absterben des Gelenkknorpels zu schweren Funktionsstörungen des Gelenks. Die Behandlung erfolgt medikamentös, in schweren Fällen muß operiert werden.

Hämophilie

Die Hämophilie, eine angeborene Blutungsneigung, ist zwar generell bei Hunden relativ selten, tritt aber beim Labrador doch häufiger auf. Durch das Fehlen eines bestimmten Blutbestandteils, der Thrombokinase, ist das Blut verdünnt und nicht normal gerinnungsfähig. Meist treten ab der 6. bis 12. Lebenswoche Gelenkblutungen auf. Außerdem kommt der Blutfluß nach Verletzungen oder operativen Eingriffen – wenn überhaupt – nur deutlich verlangsamt zum Stillstand.
Es besteht bei solchen Tieren grundsätzlich eine erhöhte Neigung zu Blutergüssen, die beträchtliche Ausmaße annehmen können. Auch bei dieser Erkrankung handelt es sich um eine Erbkrankheit.

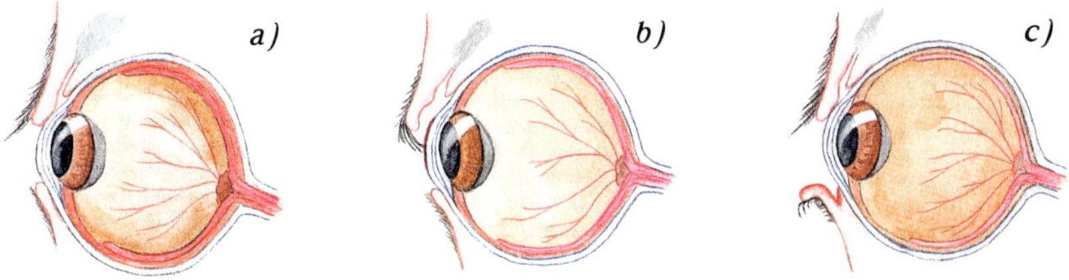

Der Augapfel des Hundes: korrekte Lidstellung (Abb. links), Entropium (Abb. Mitte), Ektropium (Abb. rechts)

Entropium und Ektropium

Ist die Haut des Kopfes und speziell des Augenlides zu großzügig angelegt, kommt es zu einem sogenannten Entropium oder Ektropium. Bei ersterem rollt sich die überschüssige Haut am oberen Augenlid nach innen, wodurch die Wimpern die Hornhaut reizen. Beim Ektropium rollt sich die Haut des unteren Augenlides nach außen.

Beide Mißbildungen sind durch einfache chirurgische Eingriffe zu beheben und bleiben für den Labrador ohne Folgen. Der Hund sollte aber auch nach Korrektur des Lidfehlers nicht zur Zucht eingesetzt werden!

Wichtig:

Bei einem jungen Hund muß man beachten, daß sich das Tier noch im Wachstum befindet und die Kopfhaut straffer anliegt, wenn der Schädel seine endgültige Größe erreicht hat. Eine verfrühte Operation am Augenlid kann also auch zu einer Überkorrektur führen.

Retinaatrophie

Auch die zentrale, progressive Retinaatrophie, so der medizinische Ausdruck, ist eine erbliche Erkrankung, die beim Labrador häufig zu beobachten ist. Sie führt zu einer langsam fortschreitenden Zerstörung der Netzhaut und schließlich zum Erblinden des Hundes. Labradore mit dieser Krankheit sehen anfangs in der Dämmerung deutlich besser als im Hellen. Teilweise kann es lange dauern, bis die Erkrankung auffällig wird. Die Retinaatrophie ist von großer Bedeutung bei der Zucht. Da die Erkrankung möglicherweise erst festgestellt wird, wenn ein Labrador schon mehrfach zur Zucht eingesetzt wurde, sollte der Züchter beim jungen Hund, mit dem er züchten möchte, eine spezielle Untersuchung (Elektroretinogramm) vornehmen lassen.

Pro und contra Kastration

Als Kastration bezeichnet man das Entfernen der Keimdrüsen, bei der Hündin also der Eierstöcke. Darüber hinaus wird in der Regel auch die Gebärmutter mit entfernt, um zu verhindern, daß die Hündin später einmal an der häufig vorkommenden Gebärmutterentzündung erkrankt.
Bei der Kastration des Rüden werden die Hoden entfernt.
Die immer noch weitverbreitete Meinung, daß jede Hündin einmal im Leben Junge gehabt haben sollte, ist medizinisch längst widerlegt. Ebensowenig bedeutet es einen Verlust von Lebensqualität für den Rüden, wenn er nicht zeugungsfähig ist.
Eine allgemeingültige Empfehlung auszusprechen ist schwierig, und es

Eine Hündin kann auch, ohne einmal Mutter gewesen zu sein, ein ausgefülltes Leben führen

sollte jedem Besitzer selbst überlassen bleiben, ob er einen operativen Eingriff in Erwägung zieht oder nicht. Beim Rüden ist die Operation unkompliziert und preiswert, bei der Hündin dagegen müssen Sie höhere Kosten (um 500,– DM) einplanen und den Hund ca. 2 Wochen schonen.
Medizinische Folgen bei einer Kastration des Rüden sind bisher noch nicht belegt. Charakterliche Änderungen – logische Konsequenz des fehlenden Paarungstriebes – dagegen sind nachgewiesen. Beide Geschlechter werden ruhiger und ersparen ihren Besitzern die „heißen" Zeiten zweimal im Jahr. Nicht geklärt ist bislang, ob sich bei aggressiven Tieren die Kastration positiv auswirkt.
Wenn Sie nicht vorhaben zu züchten, sollten Sie einen Eingriff mit Ihrem Tierarzt besprechen, der die Konstitution Ihres Tieres am besten kennt.
Wenn Sie züchten wollen oder sich generell gegen einen Eingriff entscheiden, müssen Sie für die „heißen" Zeiten gewappnet sein. Ein Rüde wird jedesmal, wenn ihm der Geruchssinn verrät, daß in der Umgebung eine Hündin läufig ist, seine Erziehung, seinen Appetit, sein Zuhause und seine Menschen vergessen und mit allen ihm zur Verfügung stehenden Mitteln versuchen, sich zu paaren.

Unser Tip

Der beste Zeitpunkt für die Kastration ist für jeden Hund individuell festzulegen. Das Tier sollte bereits völlig ausgewachsen sein. Bei der Hündin wartet man am besten die erste Läufigkeit ab.

Die läufige Hündin

Die Hündin wird kurz vor Vollendung des ersten Lebensjahres meistens das erste Mal läufig. Die Läufigkeit (Hitze) dauert ca. 3 Wochen und kündigt sich durch Absetzen von Urintropfen an den verschiedensten Stellen an. Wie ein Rüde verteilt die Braut in spe ihre Duftspuren an markanten Ecken während des Gassigehens. Wenige Tage später schwillt die Scheide (Vulva) an, und es treten die ersten Blutstropfen aus.
Bei einem großen Hund wie dem Labrador müssen Sie in der Wohnung Vorsorge treffen, denn die Hündin verliert ständig Blutstropfen. Die Hündin selbst wird versuchen, das

Unser Tip

Im Fachhandel gibt es windelähnliche Hosen für diese Zeit, die aber nicht immer passen. Sie können solche Hosen auch selbst nähen und beispielsweise mit Zellstofftüchern oder Damenbinden füllen. Empfehlenswert ist weiterhin, das normale Lager der Hündin – also die Plätze, auf denen sie schläft – mit kochfesten Tüchern auszukleiden und diese täglich zu wechseln.

Eine läufige Hündin sollten Sie nicht aus den Augen lassen

Sekret immer wieder abzulecken, doch vor allem bei unerfahrenen Jungtieren lassen sich Spuren einfach nicht vermeiden.
Schon vom ersten Tag der Läufigkeit an ist die Hündin interessant für alle Rüden, denen sie begegnet. Doch meistens läßt sie eine Annäherung noch nicht zu. Sie ist auch jetzt noch nicht deckbereit. Erst um den zehnten Tag der Läufigkeit, wenn das Sekret an Farbe verliert, „steht" sie. Ihre Deckbereitschaft zeigt sie u.a. dadurch, daß sie beim Streicheln den Schwanz zur Seite legt und nervös und unruhig ist. Ab jetzt dürfen Sie Ihr Tier für die nächsten 10 Tage nicht eine Minute aus den Augen lassen, denn ihr Paarungstrieb verleitet sie zum Streunen, zu Ungehorsam und zu einer erstaunlichen Dickköpfigkeit.

Checkliste | **So halten Sie Rüden von Ihrer läufigen Hündin fern**

- *Im Fachhandel gibt es Chlorophyll-Tabletten, die den Geruch des Sekrets neutralisieren.*
- *Gehen Sie auf belebten Teer- und Asphaltstraßen spazieren, dort ist die Wahrscheinlichkeit, daß andere Düfte den Geruch der Hündin überdecken, am größten.*
- *Fahren Sie zu Spaziergängen ein Stückchen mit dem Auto, oder – wenn Sie die Kraft haben – tragen Sie die Hündin die ersten Meter vom Haus weg bzw. nach dem Spaziergang die letzten Meter zum Haus zurück. Dann verlieren interessierte Rüden die Spur und stehen nicht vor Ihrem Grundstück Schlange.*
- *Lassen Sie die Hündin in den 21 Tagen der Läufigkeit nicht in den Garten.*
- *Um Bewegungsmangel während der heißen Zeit abzuhelfen, raten Fachleute, der Hündin möglichst oft die Möglichkeit zum Schwimmen zu geben.*

Züchten – kein Hobby für nebenbei

Voraussetzungen

Die Geburt kleiner Hundebabys mitzuerleben und sie heranwachsen zu sehen, ist unbestritten ein wunderschönes Erlebnis. Doch bevor Sie sich dazu entschließen, selbst zu züchten, sollten Sie sich über den enormen Aufwand, die Mühe und das Risiko von Fehlschlägen klarwerden.
Wenn Sie mit Ihrer Hündin züchten wollen, müssen Sie lange vor der Läufigkeit Ihre Vorbereitungen treffen:
Zunächst müssen Sie die Hündin gründlich vom Tierarzt untersuchen lassen. Auf der Grundlage seines Befundes wird ein Zuchtverband (Adresse s. Anhang) den Hund dann als zuchttauglich erklären oder nicht.

Wichtig:
Selbstverständlich sollten Sie nur mit einer zuchttauglichen Hündin züchten. Denn nur dann erhalten Sie Papiere für die Welpen.

Eignet sich Ihre Hündin für die Zucht, sollten Sie vorab natürlich ebenfalls genau prüfen, ob auch **Sie** die nötigen Voraussetzungen mitbringen, um Ihr Vorhaben gelingen zu lassen. Die Checkliste auf S. 91 soll Ihnen dabei helfen.

Checkliste Voraussetzungen für die Zucht

- *Sind Sie sich der Kosten bewußt? (für den Deckrüden, für tierärztliche Untersuchungen, Impfungen etc.)*
- *Haben Sie ausreichend Platz, um Ihrer Hündin eine geräumige Wurfkiste und einen Raum, in dem sie ungestört ist, zu bieten?*
- *Haben Sie sich Grundkenntnisse über Geburtsverlauf, Erstversorgung und Aufzucht der Welpen angeeignet?*
- *Sind Sie bereit, sich nach der ca. 65tägigen Tragzeit rund um die Uhr um Mutter und Welpen zu kümmern?*
- *Können Sie notfalls einen Junghund, den Sie nicht verkaufen konnten, auch behalten?*

Erst wenn Sie alle Voraussetzungen erfüllen, sollten Sie darangehen, Ihre Idee in die Praxis umzusetzen. Für Ihre weiteren Fragen von der Auswahl des Deckrüden bis zur Aufzucht der Welpen wenden Sie sich bitte an einen Zuchtverband oder Züchter. Es würde den Rahmen dieses Büchleins sprengen, auf die Themen Deckakt, Trächtigkeit, Geburt und Welpenaufzucht in der notwendigen Ausführlichkeit einzugehen.

Anhang

Wichtige Adressen

Deutschland

Verband für das Deutsche
Hundewesen e.V.
Westfalendamm 174
44141 Dortmund

Labrador Club Deutschland e.V.
Karin Willkamm
Tel.: 02131/569100
Auf der Heide 1
40462 Neuss

Deutscher Retriever Club e.V.
Cornelia Wolter
Tel.: 04171/75075
Kornskamp 2
21423 Winsen

Bundesverband für das
Rettungshundewesen e.V.
Wilfried Heines
Fliederstr. 5
67112 Mutterstadt

Jagdgebrauchshundeverband e.V.
Dr. Lutz Frank
Neue Siedlung 6
15938 Drahnsdorf

Österreich

Österreichischer
Kynologenverband
Johann-Teufel-Gasse 8
1238 Wien

Verein zur Züchtung der
Retrieverhunde in Österreich
Schwarzastraße 48
5020 Salzburg

Schweiz

Schweizerische Kynologische
Gesellschaft
Falkenplatz 11
3012 Bern

Retriever Club Schweiz
Bauenstr. 2
6010 Kriens

Literaturhinweise

Spezialliteratur zur Rasse des Labrador Retrievers

Beckett, D.: Labrador Retriever, Mürlenbach 1994

Wild, R.: Labrador Retriever, Ursprung, Zucht, Erziehung, Pflege, Cham/Schweiz 1991

Wolters, R.: Der Labrador Retriever. Seine Geschichte, seine Menschen, Mürlenbach 1993

Allgemeine Literatur zu Verhaltensforschung und Erziehung

Birr, U.: Erfolgreiche Hundeerziehung, Niedernhausen 1995

Feddersen-Petersen, D.: Hundepsychologie, Stuttgart 1986

Feltmann-v. Schröder, G.: Hund und Mensch im Zwiegespräch, Stuttgart 1993

Rogner, H.: Komm! Sitz! Platz! Artgerechte Erziehung zum Familienhund, Niedernhausen 1995

Trumler, E.: Hunde ernstgenommen. Zum Wesen und Verständnis ihres Verhaltens, München 1992

Trumler, E.: Trumlers Ratgeber für den Hundefreund, München 1987

Weidt, H.: Der Hund, mit dem wir leben, Hamburg 1989

Spezialliteratur zur Zucht

Fleig, D.: Die Technik der Hundezucht, Mürlenbach 1987

Räber, H.: Brevier neuzeitlicher Hundezucht, Bern/Stuttgart/Wien 1995

Willis, M.B.: Züchtung des Hundes, Stuttgart 1984

Register

Kursive Seitenzahlen verweisen auf Abbildungen.

Von derselben Autorin sind im FALKEN Verlag bereits erschienen:
„Erfolgreiche Hundeerziehung“ (Nr. 4808), auch als Video (Nr. 6198)
„Die Katze in der Familie“ (Nr. 1076)

Die Deutsche Bibliothek – CIP-Einheitsaufnahme

Labrador Retriever : Auswahl, Haltung, Erziehung, Pflege /
Uschi Birr. – Niedernhausen/Ts. : FALKEN, 1996
ISBN 3-8068-1677-8
NE: Birr, Uschi

ISBN 3 8068 1677 8

Umschlaggestaltung: Peter Udo Pinzer
Layout: David Barclay, Neu-Anspach
Redaktion: Petra Volkmar
Herstellung: Michaela Krekel
Titelbild und Umschlagrückseite: Christine Steimer, Wölfersheim
Fotos: Bildagentur IPO, Linsengericht: S. 55; **Ein Herz für Tiere:** S. 13;
Cogis/Cabat: S. 8, **Cogis/Lanceau:** S. 50; alle anderen Fotos: **Christine Steimer,** Wölfersheim
Zeichnungen: Hartmut Dietrich, Wiesbaden: S. 6; Gabriele Hampel, Kelkheim: S. 53, 77, 85;
Andrea Salisch, Wiesbaden: S. 5, 66, 90; Gerhard Scholz, Dornburg: S. 11, 82

Satz/Litho: DM-SERVICE Mahncke & Pollmeier oHG, Rodgau
Druck: Druckhaus Cramer, Greven

817 2635 4453 6271